LES
IMPOTS DÉMOCRATIQUES

LES
SOLUTIONS DÉMOCRATIQUES

DE

LA QUESTION DES IMPOTS

CONFÉRENCES
FAITES A L'ÉCOLE DES SCIENCES POLITIQUES

PAR

M. LÉON SAY
MEMBRE DE L'INSTITUT, SÉNATEUR

TOME PREMIER

PARIS

GUILLAUMIN ET Cie, ÉDITEURS
RUE RICHELIEU, 14

1886

PREMIÈRE CONFÉRENCE

(17 FÉVRIER 1886)

De l'égalité en matière d'impôt. — Poursuite de l'égalité par la suppression des monopoles et privilèges
et par la transformation des impôts personnels en
impôts réels. — L'idée de la justice confondue avec
celle de l'égalité doit en être séparée.

Les conférences que je vais avoir l'honneur de faire devant vous ont pour objet
les solutions démocratiques de la question
des impôts.

Le sujet est nettement circonscrit, mais il
est très vaste et je ne pourrai en aborder
que les points principaux. Je parle d'ailleurs devant des jeunes gens qui ont achevé
leurs études, qui suivent des cours d'économie politique dans l'école même où je

professe aujourd'hui, et auxquels on donne également ici un enseignement spécial sur le mode d'établissement et de recouvrement des impôts.

Vous savez, d'une part, ce que l'économie politique professe en matière de production, de consommation et de distribution des richesses, et vous n'ignorez pas d'autre part comment la science financière distingue les impôts en impôts de quotité ou de répartition, en impôts directs ou indirects. Vous êtes également au courant de l'histoire parlementaire et vous connaissez les discussions qu'ont soulevé dans les parlements les différents modes d'assiette et de recouvrement des contributions publiques. Ce sont là des raisons suffisantes pour me dispenser d'aborder tous les côtés de la grande question des impôts démocratiques et pour me permettre de négliger les détails.

Je n'ai pas non plus à faire devant vous l'histoire de la démocratie. Le grand nombre, les ouvriers, les travailleurs, les hommes les moins fortunés, la démocratie en un mot a été longtemps opprimée ; elle a fini par secouer le joug sous lequel elle a gémi trop longtemps, mais après avoir remporté la victoire, elle a été tentée d'opprimer à son tour ceux qui l'avaient tenue sous le joug. Ce n'est pas seulement la démocratie qui manifeste de pareilles tendances. Prendre sa revanche est malheureusement dans la nature de l'homme.

Les personnages qui prétendent parler au nom de la démocratie veulent, soi-disant pour la servir, modifier les systèmes financiers qui existent et, pour y arriver, ils imaginent des projets divers et souvent très différents les uns des autres. Je ne ferai pas devant vous l'énumération de ces projets ; je ne vous

ferai pas non plus l'histoire de tous les systèmes financiers plus ou moins démocratiques qui sont actuellement pratiqués chez
les différents peuples modernes, ou qui ont
été en vigueur autrefois. Je n'en finirais
pas si je voulais parler de tant de systèmes
ou de tant de projets qui, dans tous les pays,
encombrent les journaux, les revues et les
bureaux des chambres, notamment en Angleterre, en Allemagne, en Italie et en France ;
je me contenterai de les caractériser en les
réduisant à leurs principes, afin de pouvoir
en tirer une formule qui les contienne tous.

Il semble, en effet, que les divers systèmes
auxquels je fais allusion se réduisent à l'imposition de l'épargne, soit qu'on la saisisse à
l'état naissant pour la faire affluer dans les
Trésors publics, afin de subvenir aux dépenses de l'Etat, au fur et à mesure de sa
formation, soit qu'on s'en empare à ce que

j'appellerai l'état adulte, alors qu'elle est déjà consolidée dans des placements et qu'elle constitue la fortune.

Pour arriver à l'application des systèmes auxquels je fais allusion, on demande d'abord l'abolition des impôts indirects et on cherche ensuite à créer deux sortes d'impôts directs dont l'un soit personnel et l'autre réel. L'impôt personnel est assis sur le revenu avec un tarif à base progressive; il a pour objet d'employer aux dépenses publiques ce qu'on est convenu d'appeler le superflu du revenu des citoyens. L'impôt réel est assis sur le capital avec un tarif dont la base est également progressive; il a pour objet d'employer aux dépenses publiques ce qu'on est convenu d'appeler la concentration excessive de la richesse entre les mains de quelques citoyens. L'idée qui préside à ce système n'est pas née en un jour; elle procède d'un grand nombre d'autres idées, idées fort anciennes dont on peut dire qu'elles ont les unes et les autres des origines très opposées. En cherchant à se rendre compte de l'évolution qui s'est faite dans l'idée démocratique, on trouve, en effet, qu'elle s'est appuyée, à l'origine, sur des principes absolument différents de ceux dont elle se réclame aujourd'hui. Le point de départ ne ressemble pas au point d'arrivée. Ce n'est pas d'une simple différence qu'il s'agit, car c'est une contradiction qui les sépare.

Tant que les classes laborieuses, c'est-à-dire la démocratie, ont été opprimées, elles ont cherché à se défendre de l'oppression dont elles étaient l'objet, et, pour arriver à s'en délivrer, elles ont fait des efforts d'abord pour réduire l'importance des impôts personnels et ensuite pour les faire disparaître. La démocratie, au moment où la liberté s'offrait à elle, confondait comme dans un même principe, l'égalité et la justice en matière d'impôts; et l'égalité pour elle était simplement l'égalité de traitement devant la loi. La loi lui paraissait juste, quand elle était également appliquée; on s'inquiétait davantage de faire disparaître les privilèges que de trouver une assiette dont la justice fût indiscutable et qui pût servir à répartir équitablement les charges publiques entre les citoyens.

C'est un fait hors de doute que la démocratie a voulu s'assurer d'abord le bienfait de l'égalité par la suppression des impôts personnels et qu'elle a cru en même temps que c'était là toute la justice dont elle eût à se préoccuper. Ce n'est que plus tard qu'elle a songé à séparer l'idée de justice de l'idée d'égalité; c'est alors qu'elle a quelquefois cherché ce qu'elle considérait comme la justice dans une inégalité nouvelle qui pût lui procurer des satisfactions au détriment de ceux qui l'avait opprimée jadis. C'est pour se procurer ce genre de satisfaction qu'elle a fait appel de nouveau à l'impôt personnel qu'elle avait si souvent condamné et qu'elle s'en est servi pour distribuer à son tour des faveurs à ceux qui arrivaient avec elle au gouvernement de l'Etat.

Mon intention est de vous exposer, en me plaçant à un point de vue tout à fait général, les moyens que la démocratie a employés pour imposer à ceux qui la gouvernaient le respect de l'égalité et de la justice et les procédés qu'elle a mis en usage quand elle a voulu agir sur la fortune des citoyens afin d'égaliser leurs conditions. Cette étude générale ou plutôt ce tableau, j'espère pouvoir l'achever en trois conférences.

J'aborderai ensuite, dans une quatrième conférence, quelques-uns des côtés pratiques de la question, en vous montrant quelles ont été, en matière de finance, les luttes de la démocratie florentine au moyen âge. Je passerai aux solutions financières des assemblées de la révolution française. J'étudierai au dix-neuvième siècle, en Angleterre et en Italie, d'autres solutions auxquelles on a eu recours, comme par exemple, en Angleterre, l'impôt sur le revenu, et, en Italie, l'impôt sur la richesse mobilière. Je chercherai à vous faire saisir, dans un court exposé, quel est le principe des législations allemande et suisse, si différentes l'une et l'autre, dans leur conception comme dans leur application, des législations de l'Angleterre et de l'Italie.

Ces quatre conférences constitueront en quelque sorte des leçons pratiques. Quand je les aurai menées à bonne fin, je pourrai, je l'imagine, conclure facilement, et vous faire entrevoir ce que notre civilisation moderne et nos systèmes politiques peuvent craindre ou espérer des discussions qui se poursuivent, en ce moment, sur toute la surface de l'Europe. Je puis déjà vous dire que, dans ma conviction, vous ne verrez pas la fin de ces grandes disputes, quelle que soit la longévité dont la Providence vous fasse jouir. Il y a de quoi discuter pendant un grand nombre de siècles.

Je vous l'ai dit tout à l'heure, les classes laborieuses, c'est-à-dire la démocratie, ont été opprimées par les systèmes financiers des âges qui nous ont précédés, et les abus dont elles ont le plus souffert ont eu leur origine dans l'impôt personnel.

C'est un fait que, depuis une cinquantaine d'années, l'économie politique moderne a considéré comme établi et comme étant en quelque sorte au-dessus de toute discussion. Il semblait même que l'impôt personnel eût été si universellement condamné par les amis de la liberté et qu'on se fût si bien accordé à penser que seul l'impôt réel pouvait assurer aux peuples l'égalité et la justice, qu'il n'était pas possible de prévoir un revirement dans les idées. C'est une opinion qui a pour elle une sorte de *consensus* universel et qui paraît avoir été consacrée par la sagesse de tous les temps, car elle est de toutes les époques et on en trouve l'expression tout aussi bien dans les auteurs les plus anciens que dans les auteurs les plus modernes; elle a été formulée avec beaucoup de précision par M. du Puynode, dans un ouvrage qu'il a publié sous le titre : *De la monnaie, du crédit et de l'impôt* (1).

(1) Du Puynode, t. II, p. 94.

« Je crois au reste, dit M. du Puynode, que plus les sociétés avancent et s'enrichissent, plus les idées de droit, de dignité humaine, de travail, de capital se répandent et se fortifient, plus aussi l'impôt cesse d'être une capitation pour devenir une taxe réelle, plus il s'éloigne des personnes pour n'affecter que les choses. »

Le livre d'où j'ai tiré cette citation a été composé il y a plus de trente ans, mais l'opinion qui s'y trouve exprimée est encore celle de la plupart des économistes de nos jours. Ma seule crainte, c'est qu'on ne se préoccupe pas assez sérieusement, dans l'école économique, du changement qui s'est produit dans un certain nombre d'esprits depuis vingt ans. Peut-être se trompe-t-on quand on affirme, comme on le fait souvent, que la cause de l'impôt réel est décidément gagnée. Peut-être sommes-nous menacés de voir se rouvrir la discussion sur le mérite comparatif de l'impôt réel et de l'impôt personnel.

Si on n'y prend garde, cette discussion pourra se rouvrir dans de mauvaises conditions et amener des conséquences très redoutables, car, si elle aboutissait au triomphe de l'impôt personnel, notre civilisation reculerait de plusieurs siècles.

Machiavel, trois cents ans auparavant, ne disait pas autre chose que M. du Puynode. « Mais l'universalité des citoyens qui favorisaient la nouvelle institution — le *catasto* — dit-il dans son *Histoire florentine*, opposaient d'autres raisons à celles de leurs contradicteurs; ils répondaient que, si la richesse mobilière était changeante, l'impôt pouvait varier avec elle, comme c'était le cas pour les biens immeubles où il se produisait aussi des changements, parce qu'en vertu des nouveaux règlements *l'impôt pesait égale-ment sur toutes les natures de bien et non sur les personnes.* »

Le jugement que cite Machiavel était celui de citoyens qui réclamaient à grands cris une réforme financière démocratique, celle de l'*Estimo*. La raison pour laquelle la réforme de cet ancien impôt était considérée comme devant être favorable à la démocratie, c'est qu'elle proclamait le principe que l'impôt devait être assis sur les biens et non sur les personnes. C'était, pour la démocratie florentine, le principal but à atteindre.

N'est-ce pas encore la même pensée qu'on retrouve dans les écrits de Jean Bodin, dont le rôle aux Etats de Blois ne vous est pas inconnu. Dans son livre sur la *République* et dans le recueil de ses discours aux Etats généraux, on peut voir que lui aussi ne doutait pas un seul instant que ce qu'il fal-

lait demander avant tout, c'était la transformation des impôts personnels en impôts
réels.

« Or, les anciens, dit Jean Bodin, avaient
sagement ordonné et bien exécuté l'or-
donnance, assavoir que les charges seraient réelles et non personnelles, comme
il s'est fait au païs de Languedoc et, depuis
quelques années aussi en Provence, afin que
le riche et le povre, le noble et le roturier,
le prestre et le laboureur payent les charges
des terres taillables ; la loy n'excepte ni pon-
tife, ni noble. Es autres gouvernements, s'il
y a un bénéficier, un gentilhomme, un con-
seiller et un vigneron, cestuy-ci paye pour
tous et les autres sont exempts, non seulement pour les fiefs, ains aussi pour les terres
roturières. »

Et enfin, au moment où s'ouvre la Révolution française de 1789, à la veille de la réu-

nion des Etats généraux, quelle est la réforme
de l'impôt universellement désirée, que de-
mande-t-on de toutes parts, si ce n'est que
les impôts soient réels ?

« L'Assemblée veut une juste répartition,
disait un orateur, le 16 septembre 1790, à l'Assemblée nationale, et surtout l'oubli en fait
d'impôts de toute classification de citoyens. »

Et cette réforme des impôts, il la voulait,
ajoutait-il, « afin que chacun paie en raison
de ses facultés et non plus, comme ci-devant,
sur des tarifs dont les bases, en partie ap-
puyées sur les conditions et l'état des personnes, présentaient à chaque cas particulier
une application de la loi contraire à l'esprit
qui aurait dû la dicter ».

C'est donc bien la réforme de l'impôt personnel et sa transformation en impôt réel, qui
ont caractérisé la lutte de la démocratie contre l'aristocratie et la royauté, dans les temps

anciens comme dans les temps les plus rap-
prochés de nous ; c'est au moyen de l'établissement de l'impôt réel qu'on espérait
arriver à supprimer l'arbitraire et à obtenir
l'égalité de traitement en matière d'impôt.

L'égalité en matière d'impôt ne signifiait
pas d'ailleurs autre chose que l'égalité des
contribuables devant la loi. Il faut, pour que
cette égalité existe, que la loi procède d'une
manière générale, qu'elle ne soit pas inven-
tée pour atteindre une personne ou une
classe de personnes ; car autrement il y a
abus.

Le souvenir des abus, conséquence iné-
vitable des lois faites en vue d'individus déterminés, est présent à tous les esprits.
Quelle tyrannie est plus évidente que celle
d'une loi qui vise des individus ? Quelle
tyrannie est plus insupportable que celle-là !
On peut s'en faire une idée en relisant l'his-

toire d'Angleterre et en examinant avec le sang-froid de l'historien les bills d'*attainder*, que rendait le parlement irrité contre les hommes politiques accusés de haute trahison. Une loi qui prend un citoyen pour ainsi dire à partie et dispose de sa personne et de ses biens ! c'est la plus odieuse des tyrannies.

On n'en finirait pas, si l'on voulait faire l'histoire des abus qu'ont produits les lois de ce genre. C'est d'ailleurs une histoire ouverte. En Suisse, par exemple, où la législation communale est très libre, parce que l'autonomie communale y est absolue, on a rendu parfois des lois fiscales, en vue d'un seul individu, d'un citoyen riche, dont on voulait atteindre les revenus ou la fortune, afin d'enrichir la commune de ses dépouilles et d'augmenter ainsi les ressources du budget local.

Un de mes amis de Genève m'a raconté, il y a peu de temps, le fait étrange que voici :

Un vieillard malade voulait s'établir dans un canton voisin de celui qu'il habitait d'ordinaire et il y louait ou y achetait une propriété pour y finir des jours, hélas ! comptés, car la maladie dont il était atteint était grave, et son âge était avancé. Aussitôt que les représentants de la commune eurent appris qu'un aussi riche moribond était arrivé sur leur territoire, ils se hâtèrent de proposer à la municipalité une loi nouvelle qui assurât à la commune une bonne partie de l'héritage.

La loi est faite ; on la porte à la connaissance du nouveau venu ; le moribond se révolte et crie qu'il n'est pas encore mort ! et que si on veut lui ravir son héritage, il saura retrouver assez de forces pour retourner mourir à Genève ! car c'est de Genève qu'il était venu. De là un débat, des pourparlers entre la commune et le malade, et au bout d'un certain temps une espèce de compromis. Le malade consent à mourir dans la propriété où il vient de s'installer, et la commune fait une loi que le moribond considère comme raisonnable et qui, sans prélever une trop grosse part de l'héritage, assure du moins quelques ressources à la commune.

Entendre de cette façon l'établissement de la loi, c'est oublier toutes les notions de l'égalité devant la loi et introduire dans la constitution de son pays le germe des tyrannies les plus abominables. Renaud des Albizzi, exilé de Florence en 1434, écrivait au pape qui lui avait envoyé ses compliments de condoléance en apprenant la défaite de son parti et son exil :

« Je ne regarderais pas comme un grand malheur de vivre loin d'une ville où les

hommes ont plus de puissance que les lois ;
la seule patrie que l'on doit désirer d'habiter
est celle où l'on peut toujours compter sur
ses propriétés et sur ses amis. »

Mais il y a aussi d'autres procédés pour
traiter avec inégalité les contribuables.
Il n'est pas besoin, pour y arriver, de pro-
mulger une loi qui les vise ; il suffit de
fonder le système financier de l'Etat sur
'impôt personnel. Si nous rappelons notre
propre histoire à notre mémoire, c'est-à-
dire l'histoire des années qui ont précédé la
Révolution de 1789, nous trouvons les
exemples les plus concluants, qui fournissent
la preuve la plus évidente que les impôts
personnels sont une des formes de l'arbitraire. Les tailles, dans l'ancienne France,
étaient divisées en tailles personnelles et en
tailles réelles, et tous les historiens s'accor-
dent à dire que les provinces qui souffraient

le plus étaient celles de taille personnelle, parce que les contribuables n'avaient, dans ce cas, aucune garantie contre l'arbitraire des agents du fisc.

Dans les pays de taille réelle, il y avait également des privilèges, des exemptions choquantes pour les autres contribuables, mais il était cependant plus facile de les supporter, parce que les inégalités de la loi se confondaient avec certaines inégalités naturelles.

Quand une terre est favorisée par l'impôt, c'est comme si sa fertilité s'était accrue. Le peuple, en général, la masse des contribuables, est moins frappé par cette sorte d'inégalité. Certaines terres se louaient plus cher, parce qu'elles ne payaient pas d'impôts ; de même que d'autres terres se louaient plus cher, parce que le sol y était plus productif.

Il existe, vous le savez, une série de documents fort curieux pour l'histoire des impôts français au dix-septième siècle : ce sont les mémoires sur l'état des généralités dressés par les intendants pour l'instruction du duc de Bourgogne et publiés depuis quelques années par M. de Boislisle. Il y est question de la division des tailles en tailles réelles et en tailles personnelles ; « les tailles, y lit-on, sont réelles ou personnelles. Les tailles réelles *sunt onera possessionum*, comme en Languedoc et en quelques autres provinces du royaume qui sont demeurées plus longtemps sous la puissance des Romains et sont venues les dernières sous l'obéissance des rois de France. Ces tailles sont les plus anciennes, retenues de l'ancienne coutume selon laquelle ces pays payaient le tribut aux Romains. »

« Plusieurs historiens ont observé que l'empereur Auguste avait ordonné que, dans la province Narbonnaise, le tribut serait réel et que, dans les autres provinces des Gaules, il serait personnel, pour en tenir les peuples plus soumis à son empire. »

L'arbitraire de la taille était le sujet éternel des plaintes de ceux qui y étaient assujettis.

Voici ce qu'on lit dans l'*Adresse aux Français sur le payement des contributions*, adresse votée, le 23 juin 1791, par l'Assemblée nationale :

« La taille personnelle était arbitraire et les citoyens craignaient de se livrer à quelque jouissance, parce que tout signe d'aisance attirait sur eux une augmentation désordonnée d'impositions. Il en résultait, dans la plupart des habitations champêtres, une négligence, un dénuement, une insalubrité très nuisibles au bonheur et à la conservation des cultivateurs. »

Il ne serait pas difficile de réunir des
exemples d'abus dans le recouvrement de la
taille personnelle. Boisguillebert, dans le
Détail de la France, en est plein ; Vauban,
dans *la Dîme royale*, en gémit avec élo-
quence ; non seulement les agents chargés
du recouvrement imposaient la taille personnelle arbitrairement, mais ils en tiraient
des bénéfices pour eux-mêmes et faisaient
acheter leur complaisance.

Quoi de plus significatif que ce passage de
Boisguillebert dans lequel il est dit: « La
consommation a cessé, parce qu'elle est devenue absolument défendue et absolument
impossible! Elle est défendue par l'incerti-
tude de la taille qui, étant entièrement arbitraire, n'a point de tarif plus certain que
d'être payée plus haut, plus on est pauvre
et plus on fait valoir des fonds appartenant
à des personnes indéfendues. »

Les personnes indéfendues étaient celles qui n'étaient pas protégées ou qui n'obtenaient pas d'être soulagées de la taille par une entente avec les collecteurs. Et plus bas : « Il n'est pas extraordinaire de voir, dans une même paroisse, une recette (une ferme) de 3 ou 4 000 livres de fermage ne contribuer que pour 10 ou 12 écus à la taille, pendant qu'un autre qui ne tient que pour 3 ou 400 livres de fermage en paiera 100 pour sa part. » Un tel désordre n'était possible que parce que l'impôt était personnel.

Il est très curieux de suivre les transformations successives de l'impôt personnel. Il est devenu très vite très différent de ce qu'il avait été à l'origine, mais, sous toutes ses formes, il a été attaqué comme injuste et arbitraire et s'il a fini par succomber c'est sous les ardentes attaques de la démocratie. Il est vrai qu'il a essayé plus tard de revivre et qu'il y a réussi dans des conditions absolument nouvelles, mais c'est à une époque où la démocratie triomphante n'avait plus à se défendre contre ceux qui l'avaient si longtemps opprimée ; elle trouvait bon d'avoir à son service cette arme de gouvernement.

La capitation est l'impôt personnel par excellence ; elle est à l'origine de tous les systèmes d'impôt. C'est un impôt qui se perçoit par tête et qui, en raison même de son assiette est souverainement injuste, car il charge également les contribuables, quoique leur situation de fortune puisse être très inégale. L'impôt de capitation a d'ailleurs été rarement appliqué avec rigueur par tête : je ne sais même pas s'il a jamais été appliqué conformément à son principe.

La capitation des Gaules sous les Romains n'était pas par tête, car on imposait de plusieurs têtes certains riches et on réunissait plusieurs pauvres, comme s'ils n'avaient qu'une tête, pour leur faire payer une capitation moins forte. On a fait très vite de la capitation une imposition graduée.

« Cette imposition, dit M. de Boislisle dans l'Appendice IV du deuxième volume de son édition de Saint-Simon, a présenté une singularité remarquable ; elle était censée frapper également tous les contribuables *quot capita, tot census*, mais, comme le taux était extrêmement élevé, on unissait plusieurs têtes de contribuables pauvres pour porter une seule cote, et, réciproquement, on imposait plusieurs cotes sur un seul riche. »

C'est une méthode qui, perfectionnée plus tard, a conduit à la capitation graduée. On peut dire de cette sorte de capitation, qu'elle a été l'impôt le plus employé de l'ancien régime en France. Elle est devenue, dans d'autres pays et avec le temps, l'impôt connu sous le nom d'*impôt des classes* et, sous ce titre, elle a subsisté pendant des siècles en Allemagne, pour se transformer petit à petit en un impôt sur le revenu.

Pour bien comprendre le système des capitations et les transformations dont elles étaient susceptibles, il n'est pas inutile de se reporter à la capitation établie en France en 1695 ; elle avait été instituée par Pontchartrain, et reçue d'abord avec une certaine faveur, parce qu'elle comportait moins d'exemptions que les tailles ; et pourtant elle était absolument arbitraire ; on avait divisé les sujets du roi en vingt-deux classes et chacune de ces classes comprenait des contribuables tous également imposés et dont la situation de fortune était pourtant bien différente.

C'est une bien singulière classe de contribuables que celle qui comprend, pour qu'on y applique le même impôt, tous les avocats du pays. N'y a-t-il pas, en effet, des avocats sans causes ? On en pourrait nommer. Ne pourrait-on pas aussi en nommer d'autres qui gagnent des fortunes ? Constituer une classe d'imposables avec des avocats, appliquer à tous les avocats une capitation identique, c'est le comble de l'inégalité et de l'absurdité !

Boisguillebert, discutant la capitation de 1695, s'en moque agréablement : « Il est du même ridicule, dit-il, d'avoir établi qu'un avocat, ou marchand, ou seigneur de paroisse et un officier payeront la même somme, qn'il le serait de régler que tous les boiteux contribueraient pour la même part. »

On avait placé, dans la septième classe de 1695, les marquis, les comtes, les vicomtes, les barons et les caissiers des aides et gabelles ! quoiqu'il y eût marquis et marquis, des marquis riches et des marquis pauvres, et on avait mis dans la même classe, avec eux, pour leur faire payer la même taxe, des caissiers de gabelles qui tiraient chacun de leur emploi les revenus les plus différents. Marquis et caissiers, c'était tout un pour le fisc.

La dixième classe moins imposée que la septième, et qui était taxée à 120 francs, comprenait les ingénieurs, les banquiers, les agents de change ; la scizième classe comprenait les professeurs. — La dernière classe enfin était formée des portiers mariés et des archers du guet ; les portiers non mariés étaient inscrits dans une autre classe.

Cette capitation graduée de 1695 était donc fort injuste en elle-même et l'assiette en était absolument arbitraire, car il dépendait de la volonté du souverain de placer dans la même classe des gens que, par un caprice, on aurait pu tout aussi bien faire figurer dans des classes différentes. Aussi est-il arrivé qu'on a été amené petit à petit à transformer les impôts de cette nature, c'est-à-dire l'impôt personnel des classes en un impôt sur le revenu. Au lieu de constituer une classe en y faisant entrer des contribuables qu'on plaçait les uns à côté des autres en raison de la profession qu'ils exerçaient ou du rang qu'ils occupaient dans la société, on a cherché à remplir une même classe de personnes qui se rapprochaient par la fortune. L'impôt des classes a été ainsi constitué à nouveau en changeant de classe, les anciens contribuables lorsqu'ils se ressemblaient trop peu par la fortune ; cependant, dans certains pays, l'élément du rang dans la société est resté avec l'élément de la fortune une des conditions du classement.

L'impôt des classes a duré très longtemps,

il dure même encore dans une certaine mesure en Allemagne. L'introduction de l'élément du rang n'y était pas et n'y est peut-être pas encore contraire aux mœurs ; de nos jours, dans les villes d'eaux d'Allemagne, les autorités communales et les administrateurs des stations thermales font encore présenter aux baigneurs une feuille sur laquelle on les prie de s'inscrire à leur classe, et suivant qu'ils s'inscrivent à la première, à la deuxième ou à la troisième classe, parmi les nobles, les riches propriétaires, les commerçants ou les artisans, ils payent une taxe de 20, de 10 ou de 5 francs dont le montant est versé dans un fonds qui sert à l'entretien de la musique ou des autres agréments que l'administration procure aux voyageurs.

La capitation graduée selon le rang, est cependant devenue peu à peu, dans l'Allemagne de nos jours, un impôt des classes de fortune. Seulement, les échelons étant éloignés les uns des autres, les plus riches d'une classe ne payent pas plus que les moins riches de la même classe, et se trouvent avantagés par comparaison. Aussi a-t-on demandé le perfectionnement du mécanisme de cet impôt, et on y est arrivé en transformant l'impôt des classes en un impôt sur le revenu général ; c'est-à-dire en un impôt personnel qui, recouvré au moyen d'un tarif à base progressive, forme les premiers termes du système financier de l'école démocratique avancée.

Le prototype de l'impôt sur le revenu général n'est donc pas autre chose que la capitation qui est devenue la capitation graduée, qui a été transformée en impôt des classes, et qui forme aujourd'hui l'impôt personnel sur le revenu général.

Pendant que cette évolution s'accomplis-

sait, au moment même où l'on reconnaissait
que l'impôt de capitation personnel et arbitraire était en opposition avec les notions les
plus élémentaires de l'égalité et de la justice parce qu'il rendait l'oppression aisée et
opposait un obstacle difficile à tourner au progrès de la démocratie, les hommes qui cherchaient à s'affranchir ont essayé de transformer cet impôt personnel en un impôt
réel.

Cependant l'impôt réel a une autre origine,
et l'idée dont il est né est destinée à évoluer
dans des conditions spéciales. La démocratie
s'est attachée à l'impôt réel et a tiré des conséquences curieuses du principe de la réalité ; elle a même poussé les conséquences à
l'extrême par un excès de logique, car elle
est allée jusqu'à annuler les avantages que
l'impôt réel lui avait offert à l'origine, et en
le combinant par l'introduction de tarifs pro-

gressifs avec l'impôt personnel, elle en a fait un impôt sur les riches capitalistes.

Si on recherche le prototype de l'impôt réel, on n'est pas longtemps à trouver que c'est l'impôt sur la terre. Si on veut définir le rôle économique de la propriété foncière, si on compare les fortunes immobilières avec les fortunes mobilières qui se sont peu à peu développées chez tous les peuples civilisés, on voit que fortunes mobilières et fortunes immobilières ne sont pas autre chose que des capitaux ; que tous les capitaux sont des sources de produits et que les capitaux mobiliers peuvent être considérés au même point de vue que la terre, et servir comme elle de base à un impôt réel plus ou moins analogue à l'impôt foncier. C'est de là qu'est venue tout d'abord l'idée de l'impôt sur les sources de produits et ensuite celle de l'impôt sur la fortune. En effet, quand on considère les sources de produits et qu'on en fait le point de départ d'un système fiscal, on est amené à envisager le revenu général des contribuables sous un aspect particulier, ce qui conduit à transformer l'impôt personnel sur le revenu en un impôt réel sur la fortune dont le revenu est tiré.

En cherchant à perfectionner l'impôt personnel des classes, on en a donc fait d'abord un impôt sur les classes de fortune, c'est-à-dire un impôt sur le revenu, et cet impôt sur le revenu, modifié à son tour, est devenu un impôt sur les sources de produits, c'est-à-dire un impôt analogue à l'impôt foncier, qui peut être conçu comme un impôt sur le capital, ou plutôt comme une série d'impôts sur les divers capitaux que les contribuables possèdent. Cet impôt sur les capitaux qui semblait avoir été établi pour atteindre les capitalistes en frappant le produit de leurs capitaux, mais qui était resté personnel, s'est trouvé petit à petit transformé en un impôt réel sur la fortune, impôt réel qui, recouvré au moyen d'un tarif à base progressive, constitue le second terme du système financier de l'école démocratique avancée.

D'un côté l'impôt de capitation est devenu l'impôt personnel sur le revenu à base progressive, et de l'autre côté l'impôt foncier est devenu l'impôt réel sur les capitaux à base également progressive et on a cru résoudre le problème de l'impôt dans la démocratie par une formule qui est la plus moderne et en même temps la plus dangereuse, c'est-à-dire en préconisant un système financier comprenant, d'une part, l'impôt direct, sur le capital et la fortune, et d'autre part, l'impôt direct, sur le revenu ; ce second impôt n'ayant pas d'autre objet que d'atteindre aussi le capital ou plutôt cette partie du

capital qui ne se manifeste que par un produit.

Quand la démocratie a poursuivi l'égalité
et la justice, elle s'est appuyée sur ce que
j'appellerai l'esprit économique, c'est-à-dire
sur des principes pratiqués par des hommes
libéraux dont les doctrines ont constitué
plus tard la science de l'économie politique.
Lorsque, grâce au triomphe des idées économiques, la démocratie est parvenue à obtenir l'égalité de traitement devant la loi,
ainsi que la justice dans la répartition des
charges publiques, cette victoire ne lui a pas
suffi. Il lui a paru bon de faire un pas de
plus, d'abandonner ceux qui l'avaient d'abord
soutenue et de se mettre entre les mains
d'un certain nombre d'hommes d'État hos-
tiles à l'économie politique.

Les voies dans lesquelles les nouveaux
conducteurs de la démocratie l'engagent ne

sont pas autres que les voies du socialisme.

Telle est l'histoire du développement des deux idées opposées traduites dans l'impôt personnel et dans l'impôt réel, et qu'on trouve à l'origine de tous les systèmes fiscaux. Pour en revenir au point de départ de cette conférence, je puis dire que la transformation de l'impôt personnel en un impôt sur les sources de produit a été considérée comme un des progrès les plus considérables que la Révolution française ait introduit dans le système des impôts en France.

Je suis obligé, vous le comprenez, messieurs, de considérer le progrès général des idées sans m'arrêter à des oscillations qui se produisent toujours dans un mouvement social, alors même que ce mouvement se dessine avec le plus de précision.

Il est certain qu'au moment même où l'impôt personnel était le plus attaqué, alors que la destruction de cette nature d'impôt était considérée par la démocratie comme une nécessité, il y avait pourtant des hommes qui se déclaraient, tout en se plaçant au point de vue démocratique, partisans résolus de l'impôt personnel.

D'autre part, à l'époque où l'on a modifié en France les bases de l'assiette de l'impôt personnel, lorsque s'est formé petit à petit dans nos assemblées de la Révolution, le système fiscal qui nous régit aujourd'hui, il s'est trouvé nombre d'orateurs pour demander le maintien de dispositions qui auraient constitué un retour à l'impôt personnel, et ces orateurs ont réussi à faire accepter, dans une certaine mesure, leur point de vue. Il semble même qu'on ait cherché à faire prévaloir un système mixte, car il est clair qu'on a voulu établir — et telle a été la préoccupation constante de l'Assemblée nationale quand elle a mis fin à l'ancien régime — un impôt personnel sur une assiette réelle.

L'impôt direct français personnel et mobilier n'a donc pas été, à l'origine, aussi réel qu'on pourrait le penser, mais cependant il n'a plus été un impôt purement personnel, en ce sens que, tout personnel qu'on l'ait conservé, on l'a assis sur des biens, sur des faits ; ce qu'on a voulu, c'était de fonder l'impôt sur les signes extérieurs de la richesse, afin que le collecteur, le percepteur eût affaire à des choses et non pas à des personnes.

Le revenu n'est pas chose facile à saisir, comme le disait le rédacteur de l'adresse aux Français « dans un pays où la constitution, les principes, les droits, les lois et les mœurs proscrivent toute espèce d'inquisition. »

La situation vraie des personnes ne peut

être évaluée que par voie d'arbitraire, et l'arbitraire devient le seul moyen d'éviter les recherches qui, par l'abus qu'on en avait fait sous l'ancien régime, étaient devenues odieuses, car elles avaient amené, pour la répartition de la taille personnelle, l'emploi de moyens inquisitoriaux que repoussaient les populations.

On s'est donc adressé aux signes extérieurs de la richesse ; on a considéré que les citoyens qui avaient le plus de revenu, se logeaient mieux et payaient leur loyer plus cher que les autres, et on a cherché à établir un tarif de comparaison entre le revenu des contribuables et la somme qu'ils mettaient à leur loyer d'habitation.

« Il est si naturel à l'homme, lit-on dans la même adresse aux Français, de chercher à embellir le séjour où il passe la plus grande partie de sa vie, que presque personne n'est arrêté dans ce penchant que par l'impuissance de le satisfaire, et qu'à très peu d'exceptions près, le prix des logements d'habitation indique la graduation des richesses. »

On a voulu, en frappant les loyers d'habitation, atteindre le revenu des contribuables sans le leur faire déclarer ni le rechercher directement. La préoccupation constante de l'Assemblée nationale a été de soustraire le contribuable aux recherches des employés du fisc et de leur éviter l'obligation de faire des déclarations qui auraient été sans contrôle si on n'avait pas pénétré dans le détail des fortunes et le secret des familles. Ce qui a rendu si difficile, souvent même impossible, l'établissement d'un impôt sur le revenu général, c'est la nécessité où on se trouve pour l'asseoir ou le contrôler, d'autoriser les agents du fisc à faire des recherches inquisitoriales. On n'a pu se soustraire à la nécessité d'exer-

cer un contrôle insupportable qu'en s'adressant aux signes extérieurs de la richesse,
comme l'a fait l'Assemblée nationale.

On s'y est soustrait aussi en s'adressant
quelquefois aux sources visibles des produits;
mais l'impôt sur les sources de produits appelle cependant, dans l'application, un contrôle des agents du fisc, plus difficile à supporter pour les contribuables que celui de
l'impôt sur les signes extérieurs de la richesse.

A l'époque où on a introduit en Allemagne
l'impôt sur le revenu général, on s'est trouvé
en présence des mêmes difficultés qu'en
France. Les contribuables y ont fait entendre
les mêmes plaintes et les plaintes les plus fon-
dées sur les méthodes employées pour l'assiette et pour le contrôle de cet impôt.

On s'adressait aux redevables pour connaître leurs revenus et on leur faisait des

questions dans un interrogatoire comme celui qu'aurait pu faire un juge d'instruction. Un banquier de Berlin répondait très franchement, c'est du moins ce qu'il a raconté, à toutes les demandes du contrôleur ; il croyait avoir fini ; il croyait toucher au terme de sa torture, car il avait répondu à une longue suite de questions.

Il avait donné le total et le détail de son revenu avec le plus grand soin, quand le contrôleur, qui semblait ramasser ses papiers pour partir, se retourna tout d'un coup et lui dit : « Et votre femme ? » — Mais, répondit le riche contribuable, j'ai compris la fortune de ma femme dans le total que je vous ai donné de la mienne. — Je n'en doute pas, répliqua l'autre ; mais, à Noël, votre femme reçoit des cadeaux ? — Certainement elle en reçoit, c'est un usage. — Quelle est la valeur de ces cadeaux, répliqua le contrôleur. Les cadeaux dispensant d'une dépense, ils ajoutent au revenu. Et il fallut que le contribuable énumérât le nombre et l'importance des cadeaux que sa femme avait reçus l'année précédente, à Noël, pour en comprendre la valeur dans le total de son revenu.

Je sais bien qu'à la longue ces manières d'inquisition s'adoucissent et que l'impôt, une fois assis, est recouvré plus tard avec plus de douceur ; mais quoi de plus redoutable qu'un procédé fiscal qui peut être appliqué avec un pareil excès.

On ne peut se dissimuler que ce que redoutent le plus les contribuables, c'est l'inquisition, c'est la recherche dans l'intérieur, c'est enfin l'arbitraire. C'est pour éviter absolument l'arbitraire et l'inquisition, que l'Assemblée nationale a établi, en France, le système de l'impôt sur les signes extérieurs. On a imposé les capitalistes dans le loyer qu'ils payaient, pour atteindre leurs revenus ; on a établi la patente sur les industriels, en la fondant également sur l'habitation, pour une partie, et, pour une autre partie, sur toutes sortes d'autres signes extérieurs et apparents, comme, par exemple, le nombre des métiers ou celui des ouvriers, etc., et on l'a fait pour atteindre leurs bénéfices. Ce qu'on a voulu éviter, et on a bien fait, c'est l'évaluation directe avec le cortège des moyens fiscaux de contrôle qui sont l'accompagnement obligé de l'évaluation directe.

Je ne dis pas qu'au commencement du siècle, après avoir réalisé la transformation de l'impôt personnel en une sorte d'impôt réel, on n'ait pas essayé de temps à autre de retourner à l'impôt personnel. On a même, sous le Directoire, institué ce qu'on a appelé des jurys d'équité, pour évaluer au vrai le revenu des contribuables et corriger ce qu'il y avait d'inégal dans le système des signes extérieurs ; mais les jurys d'équité n'ont pas duré longtemps et ils ont laissé les souvenirs les plus odieux dans nos départements.

C'est donc bien, comme je vous l'ai dit en commençant, par la transformation de l'impôt personnel en impôt réel qu'on a cherché à faire disparaître les procédés inquisitoriaux du passé. Cependant, tout en donnant à l'impôt personnel une assiette réelle, on n'avait pas tout à fait transformé l'impôt personnel en impôt réel.

L'assimilation de l'impôt sur les signes extérieurs à l'impôt foncier réel est, en effet, un peu forcée. Pour que l'assimilation fût complète, il aurait fallu autre chose, et on a essayé d'y arriver par la transformation de l'impôt sur le revenu en un impôt sur les sources de produits.

J'appelle votre attention sur ce point. Il semble qu'en France, dans les études auxquelles on se livre aujourd'hui sur la question de l'impôt sur le revenu, on ne distingue pas assez nettement l'impôt sur les sources de produits de l'impôt sur le revenu général ; et cependant ces deux sortes d'impôts ont un caractère bien différent. On a bien cherché quelquefois à faire ressortir cette différence ; on a dit que ce n'était pas la même chose d'établir l'impôt sur *le revenu* ou sur *les revenus,* de mettre un impôt sur *la rente* ou un impôt sur *les rentiers,* mais cette façon de s'exprimer n'est pas claire ; elle semble d'ailleurs subtile ; elle prête à la confusion et pour ainsi dire aux jeux de mots.

La vérité est que d'un côté on s'attaque au contribuable et de l'autre côté à la source même du revenu, indépendamment de la personne qui jouit du revenu qui en découle.

Un contribuable a 3000 francs de revenu, revenu de terre, revenu de capitaux, revenu de profession ; sa situation peut être bonne ou mauvaise, il peut avoir des charges très lourdes de familles ou d'autres charges, ou au contraire n'en pas avoir du tout. Si c'est la source du produit qui est imposée, il n'y a rien d'autre à considérer que cette source même. Si au contraire on fait entrer en considération pour asseoir l'impôt, la situation de celui qui reçoit le revenu, si après avoir constaté une recette de 3000 francs provenant de telles sources de revenu, on constate que le contribuable a beaucoup d'enfants, et si on ne veut pas par cette raison le mettre sur le même pied qu'un célibataire sans charges de famille, ce n'est plus alors l'impôt réel sur les sources du produit qu'on perçoit, c'est l'impôt personnel sur le revenu général avec toutes les distinctions de personnes qu'on peut trouver équitable de faire.

En Angleterre, l'impôt sur le revenu, l'*income-tax*, est un impôt sur les sources de produits ; et il est dans une large mesure réel ; en Allemagne l'impôt sur les sources de produits a été pratiqué depuis quatre-vingts ans, et c'est contre cet impôt que l'école démocratique allemande s'est élevée, demandant qu'on le transformât en un impôt sur le revenu général afin de le rendre personnel et de pouvoir accorder des faveurs aux contribuables intéressants. Aujourd'hui en Angleterre, l'*income-tax* est très discuté, non pas parce que c'est un impôt sur le revenu, mais parce que c'est un impôt trop réel, parce qu'il a trop le caractère d'un impôt sur les sources de produits, et qu'il n'a pas assez celui d'un impôt sur les personnes. On fait beaucoup d'efforts pour le transformer en un impôt sur le revenu général, en mettant par exemple, par des distinctions savantes, dans des situations plus ou moins favorables, certains contribuables déterminés, en considérant enfin non pas le revenu émanant d'une source quelconque, mais la dépense à laquelle ce revenu peut être appliqué par les contribuables.

La pensée que le contribuable doit pourvoir aux frais des dépenses publiques non pas en proportion de ses facultés, mais en raison inverse des difficultés de sa vie est une idée relativement nouvelle, qui ne peut trouver d'application que dans l'impôt personnel. Ceux qui ont la prétention de diriger le mouvement démocratique s'en sont emparés. Ce n'est pas seulement une différence, c'est une contradiction absolue qu'il y a entre cette définition du devoir de contribuer aux dépenses publiques et l'idée d'où est sortie l'impôt sur le revenu. L'impôt sur le revenu pourrait bien avoir fait son temps pour l'école démocratique avancée ; l'impôt sur le revenu est l'impôt des économistes, et l'impôt sur le revenu sous la réserve de traitement différent en raison de la situation personnelle des contribuables est un impôt d'une tout autre nature. C'est même le contraire de l'autre, car l'impôt sur le revenu personnel, tel qu'il est conçu aujourd'hui par l'école démocratique, ne tarde pas comme nous le verrons à se transformer en un impôt sur le capital.

On a dit quelquefois que l'impôt sur le revenu et l'impôt sur le capital se ressemblaient beaucoup, et que les mots très différents de capital et de revenu indiquaient uniquement les modes particuliers qu'on employait pour recouvrer un même impôt. Il est vrai qu'on s'est quelquefois servi du capital pour évaluer le revenu, et dans ce cas la détermination du capital n'est qu'une méthode pour arriver au revenu.

Lorsqu'on veut frapper le revenu d'un immeuble on peut faire le compte en capital et prélever un demi pour 100 sur la valeur de cet immeuble au lieu de prélever 5 pour 100 sur le revenu annuel qu'il produit. On arrive dans les deux cas à un résultat semblable, mais il faut bien reconnaître qu'il y a des revenus qui ne sont pas produits par des capitaux tangibles ; il y en a qui ont leur source dans le travail ; d'autres qui proviennent d'honoraires ; il y a des revenus qui ont leur source dans le travail et le capital et qui sont mixtes.

L'impôt sur le capital, s'il était appliqué conformément à son principe, n'atteindrait pas les revenus non capitalisés ; il atteindrait par contre les valeurs non productives de revenus qui représentent cependant des capitaux. Il y a donc une différence absolue entre les deux natures d'impôts et l'un et l'autre doivent être étudiés à part.

Pour revenir à l'impôt sur le revenu, on peut dire qu'il est réel ou personnel et quelquefois mixte. En Angleterre, l'income-tax est encore réel dans une très forte mesure ; en Italie, l'impôt sur la richesse mobilière, au contraire, est plutôt personnel ; on y taxe les revenus dans des proportions différentes selon qu'ils donnent plus ou moins de sécurité à la personne qui en jouit.

Nous sommes ici dans une matière assez complexe ; je ne voudrais pas m'y arrêter plus longtemps. La question de l'impôt personnel reviendra souvent dans mes conférences, mais je veux aborder un autre côté de la question, dont l'intérêt est non moins considérable, c'est celui de la justice.

L'impôt personnel a été combattu dans les démocraties, non seulement parce qu'il était contraire à l'égalité, mais aussi parce qu'il était contraire à la justice. A l'époque où l'on attaquait l'impôt personnel comme arbitraire, on considérait généralement que l'impôt n'était injuste que parce qu'il était arbitraire, et l'idée de justice se confondait alors avec l'idée d'égalité. C'était une manière d'entendre la justice qui s'applique au recouvrement plutôt qu'à l'assiette, et qui était tout à fait contraire à la manière dont on l'entend aujourd'hui.

La justice, en matière d'impôts, constitue un problème spécial, et la question de savoir si un impôt est bien établi parce qu'il frappe les citoyens avec équité, est toute autre que celle de savoir s'il y a de l'arbitraire dans l'impôt, et si le recouvrement s'en fait avec impartialité.

L'école démocratique avancée en même temps qu'elle préconise l'établissement des impôts directs sur le revenu et sur le capital, proscrit les impôts indirects, et elle le fait au point de vue de la justice.

L'impôt indirect lui paraît injuste, non seulement parce qu'il ne distribue pas équitablement les charges, mais parce qu'il ne permet pas d'apprécier exactement l'incidence de l'impôt.

L'incidence des impôts est très difficile à suivre. Il y a une école qui croit, et elle se trompe, que l'on peut déterminer d'une façon absolue l'incidence des impôts, et qu'il suffit, pour y arriver, de désigner par la loi les citoyens qui auront à le payer. Il est bien certain que c'est le contribuable désigné pour payer l'impôt qui le paie, mais la question est de savoir s'il ne se le fait pas rembourser. L'école dont je parle s'imagine que l'impôt direct a cette qualité d'être bien réellement payé par celui sur lequel la loi le fait porter. La loi cherche elle-même les personnes qu'elle croit devoir assujettir aux impôts, et croit arriver à son but parce qu'elle porte leur nom sur un rôle, et qu'elle remet au percepteur la liste nominative des contribuables qu'elle a entendu frapper.

C'est parce qu'elle se croit maîtresse de l'incidence que l'école démocratique attache un grand prix à l'établissement des impôts directs. Elle croit que par l'impôt direct elle pourra faire ce qu'elle voudra et que, si elle veut la justice, elle l'obtiendra.

L'impôt indirect a certainement une incidence beaucoup plus variable que l'impôt direct. Son incidence n'est pourtant pas toujours aussi mauvaise qu'on peut le croire. En tous cas, étant donnés les gros budgets comme ceux que nous avons en France, il est tout à fait impossible de se passer de l'impôt indirect, et la discussion sur la justice comparée des deux natures d'impôts, est le plus souvent oiseuse.

Aussi les représentants de l'école hostile aux impôts indirects se résignent-ils à les subir. Ils n'ont plus la pensée que l'impôt sur le revenu général avec base plus ou moins progressive, et que l'impôt sur le capital, sur la fortune personnelle, avec une base également plus ou moins progressive, doivent prendre la place de tous les autres impôts, mais ils croient qu'ils peuvent en faire une ressource pour les besoins nouveaux, afin de n'être point obligés d'augmenter les tarifs d'autres impôts moins bien répartis. En d'autres termes, ils considèrent l'impôt direct sur le capital et le revenu comme un impôt complémentaire qui ne dispense pas des autres.

Quand on étudie la question de l'impôt

sur le revenu par rapport à la question de l'impôt unique, on trouve sur son chemin des faits et des doctrines d'un haut intérêt dont j'aurai à vous parler dans ma prochaine conférence, mais lors même qu'on abandonne l'idée de l'impôt unique et qu'on considère les différents impôts dans leur action les uns sur les autres, les impôts à base progressive sur le revenu général ou sur la fortune peuvent être encore considérés comme pouvant être autre chose que des impôts complémentaires. On estime qu'ils peuvent jouer un rôle compensateur. Si des impôts mal établis pèsent dans une proportion qu'on croit injuste sur certaines classes de la société, ils peuvent être néanmoins maintenus à leur taux primitif, mais en cas de nécessités budgétaires, c'est à de nouveaux impôts qu'il faudra recourir en les faisant por-ter sur d'autres classes de contribuables compensant ainsi l'injustice qui résulte de l'incidence des anciens impôts. On n'aura rien fait payer de plus aux anciens imposés et on aura fait payer quelque chose de plus à de nouveaux imposés trop ménagés jusque-là.

En dehors de l'impôt unique la question de justice peut donc se résoudre par l'établissement d'impôts compensateurs.

Cependant je ne pourrai pas traiter la question de justice sans m'arrêter un instant à l'impôt unique. Pendant très longtemps, on a écrit qu'il était possible de trouver un impôt absolument juste et on a pensé que cet impôt, si on le trouvait, devait prendre la place de tous les autres.

L'impôt unique a donc une histoire, qui se confond avec la poursuite de la justice par la démocratie. J'espère pouvoir vous montrer dans ma prochaine conférence, que l'impôt unique a été considéré comme praticable en France au seizième siècle, et qu'il a été préconisé par Vauban, quoique l'impôt de Vauban ne soit pas aussi unique qu'on a bien voulu le dire. L'impôt unique sur les feux qui aurait été l'impôt unique de Henri III et la dîme royale de Vauban qui aurait été, dans une certaine mesure, l'impôt unique de Louis XIV, étaient des impôts qui n'avaient en réalité aucun caractère théorique. On voulait les établir pour venir à bout des défectuosités de l'assiette ou de l'arbitraire du recouvrement, mais ils n'étaient pas fondés sur un principe absolu.

Un impôt unique dont le principe a été l'objet de discussions théoriques, c'est l'impôt territorial des physiocrates ; mais on peut dire qu'il était beaucoup moins fondé sur la justice que sur une distribution équitable que les lois de l'incidence naturelle se seraient chargées de faire entre les citoyens.

Les physiocrates croyaient que la terre était seule productive de richesses et ils pensaient que celui qui possède la terre est chargé de distribuer la richesse entre tous les membres de la société ; qu'il peut, en conséquence, payer l'impôt pour tout le monde, sauf à se le faire rembourser, quand la richesse qu'il a produite se répand dans le monde, ce qui est une idée très différente de l'idée de justice. L'impôt unique a été, au contraire, préconisé au point de vue de la justice par ceux qui se sont occupés des questions sociales à partir de 1848. C'est ainsi qu'en 1860 un congrès s'est réuni à Lausanne et qu'on y a mis à l'ordre du jour l'impôt unique. Ce qu'on voulait rechercher, c'était l'impôt juste par excellence, c'est-à-dire l'impôt destiné à prendre dans ce monde la place de tous les autres. L'histoire de l'impôt unique fera l'objet de ma prochaine conférence.

DEUXIÈME CONFÉRENCE

(24 FÉVRIER 1886)

De la justice en matière d'impôt. — Diverses manières
d'entendre la justice.— Impôt unique.— Dîme royale
de Vauban. — Les physiocrates. — Impôt unique
sur le revenu. — Impôt complémentaire ou compensateur.

Dans ma dernière conférence, j'ai cherché
à vous démontrer que la démocratie avait
tenté de venir à bout de l'arbitraire au
moyen de la suppression de l'impôt personnel et qu'elle y avait réussi ; mais elle pour-
suivait, et ceux qui la dirigeaient poursui-
vaient avec elle un autre objet, je veux parler de la justice. Cette idée de justice dans
l'établissement de l'impôt, d'abord confondue
avec l'idée de justice dans le recouvrement,

4.

a fini par se dégager et est devenue une des préoccupations les plus constantes de la démocratie moderne.

La justice dans l'impôt est une conception extrêmement difficile à formuler parce qu'elle dépend de l'idée qu'on se fait des droits et des devoirs des gouvernements. Quand on se trouve réuni avec un certain nombre de personnes, de celles-là même qui ont le plus réfléchi sur ces matières, il est rare qu'on se trouve d'accord sur la limite des attributions de l'État, sur la nature des dépenses que l'État peut justement entreprendre, et par conséquent sur le système d'impôts par lequel l'État doit se procurer les ressources qui lui sont nécessaires.

Si l'on pouvait s'entendre sur les attributions de l'État, c'est-à-dire en réalité sur la nature des dépenses que l'État peut faire, peut-être arriverait-on à se mettre d'accord, et encore ce n'est pas certain, sur le système financier qui fournirait avec le plus d'équité les ressources pour faire face aux dépenses qu'on aurait jugé nécessaires ; il semblerait alors naturel de s'arrêter aux impôts les plus justes, et s'il en était un qui parût plus juste que les autres, de se contenter de celui-là.

L'idée de justice en matière d'impôts a dû faire naître, comme conséquence, l'idée de l'impôt unique.

C'est de l'impôt unique que je vous parlerai surtout aujourd'hui.

Dans notre pays, l'histoire de l'impôt unique n'a pas duré plus de cent cinquante ans : de la fin du dix-septième siècle, où l'on peut dire qu'elle a commencé avec Vauban, jusqu'au milieu du dix-neuvième siècle, c'est-à-dire en 1860, où elle a été pour ainsi dire enterrée par les économistes réunis en congrès à Lausanne.

Comme je vous le disais tout à l'heure, la grande question est de savoir où placer la justice en matière d'impôt ; il y a beaucoup d'opinions. Si je me maintenais dans les limites de l'école économique, de l'école d'Adam Smith, de Jean-Baptiste Say, école à laquelle je me fais honneur d'appartenir, peut-être pourrais-je vous donner une formule sur laquelle on s'entendrait. Pour cette école, les dépenses de l'État sont des dépenses obligatoires, des dépenses nécessaires, c'est-à-dire des dépenses que les individus auraient été obligés de faire eux-mêmes et que leur intérêt ou la nécessité les eût obligés de faire s'ils n'en avaient pas chargé la société tout entière, l'association commune, en un mot, l'État.

Si l'on veut se rendre compte par des hypothèses et des comparaisons de l'idée qui se réalise dans l'impôt et dans la dépense publique, on peut supposer quatre ouvriers habitant un pays où il n'existe pas de gouvernement, et dans lequel, en conséquence, il n'y a de sécurité ni pour les personnes ni pour les biens. Ces quatre ouvriers entreprennent un travail; ils font des efforts pour produire une certaine quantité d'objets nécessaires à leur consommation, ou destinés à être échangés contre d'autres objets nécessaires à leur consommation.

Pendant qu'ils sont au travail, ils sont troublés; le lieu où ils sont réunis est envahi par une bande de pillards; ils sont dévalisés; tout ce qu'ils ont préparé est enlevé ou détruit.

Quand, après ce trouble, ils se trouvent réunis de nouveau, leur premier soin est de chercher à se mettre à l'abri d'invasions du même genre; un d'eux est mis en sentinelle; il surveille le chantier, l'atelier, la maison, pendant que les autres, assurés d'être tranquilles, travaillent et produisent.

Qu'arrive-t-il alors? C'est que les trois qui travaillent pendant que le quatrième les garde, sont obligés de faire un effort supplémentaire pour faire à trois ce qu'ils faisaient auparavant à quatre, ou s'ils ne font pas plus d'efforts, ils produisent une moindre quantité d'objets, ils sont restreints dans le profit de leur travail, c'est-à-dire dans la jouissance des objets de consommation ou autres qu'ils auraient pu produire.

C'est là l'histoire de l'impôt et de son effet sur la vie des hommes; tout impôt a pour conséquence une augmentation d'efforts ou une diminution de jouissance. Augmentation d'efforts, diminution de jouissance, voilà ce qui est nécessairement, quoi qu'on veuille et quoi qu'on fasse, la conséquence de tous les systèmes d'impôts.

Mais cet impôt qui a eu pour effet d'augmenter l'effort ou de diminuer la quantité des choses mises à la disposition de l'humanité, cet impôt, qui n'est autre chose que l'expression du travail de l'homme réduit à surveiller pour que les autres travaillent tranquillement, cet impôt a eu pour conséquence d'augmenter les frais de production des choses produites par le travail des ouvriers restés à l'atelier, et ce que l'on peut dire des ouvriers de l'atelier peut se dire de tous ceux, commerçants ou autres, qui concourent à la production de la richesse. Les frais de production augmentés par l'impôt grèvent toutes les choses de valeur qui sont produites par l'humanité. L'impôt pèse naturellement sur tous les produits ; et comme tous les produits sont employés en fin de compte à la consommation, l'impôt grève naturellement la consommation tout entière. Comme il est fait

face à cette consommation avec la partie dé-
pensée des revenus de chacun, c'est-à-dire
avec le revenu, abstraction faite de l'épargne, il en résulte que l'impôt est naturellement proportionnel à la consommation et
que pour être juste il doit garder invaria-
blement le caractère d'égalité et de proportionnalité. C'est d'ailleurs ce qui résulte de
la définition d'Adam Smith.

Personne n'ignore les fameuses maximes
d'Adam Smith, les quatre maximes sur les
conditions que doivent remplir les impôts
pour être justes et équitablement établis.

La première maxime est celle-ci :

« Les sujets d'un État doivent contribuer
au soutien du gouvernement chacun le plus
possible en proportion de ses facultés... »
Et il explique les mots « en proportion de
ses facultés », car on pourrait croire que
cette expression s'applique à la fortune ac-

quise, au capital amassé, au capital qu'on a reçu do ses pères, en même temps qu'au revenu qu'on obtient en faisant valoir ses propriétés ou au bénéfice retiré d'un commerce qu'on pratique ou d'un travail qu'on exécute. Il ajoute donc une explication :

« En proportion de ses facultés, c'est-à-dire en proportion du revenu dont il jouit sous la protection de l'État, la dépense du gouvernement est, à l'égard des individus d'une grande nation, comme les frais de régie sont à l'égard des copropriétaires d'un grand domaine qui sont obligés de contribuer tous à ces frais à proportion de l'intérêt qu'ils ont respectivement dans le domaine. Observer cette maxime ou s'en écarter constitue ce qu'on nomme *égalité* ou *inégalité* dans la répartition... » C'est ainsi qu'Adam Smith définit la justice en matière d'impôts.

Et M. Hippolyte Passy ne dit pas autre chose, quand il donne cette définition qui me paraît admirable dans sa concision et sa précision :

« L'impôt doit être proportionnel, c'est-à-dire réparti de façon à n'exiger de chaque contribuable qu'une quote-part proportionnée au chiffre total de son revenu particulier. Cette règle est de beaucoup la plus importante. Ce qu'elle prescrit, c'est l'obéissance aux principes les plus élémentaires de l'équité. L'impôt réclame au profit de l'État une portion donnée des richesses réparties entre tous. Il ne doit prendre à chacun que dans la mesure du lot qu'il a eu en partage ; et toutes les fois qu'il n'opère pas ainsi, il ménage les uns aux dépens des autres et compense des immunités par des spoliations. »

Telle est la justice — et je ne discute pas

ici les autres définitions de la justice, parce que j'y reviendrai dans la conférence que je ferai après celle-ci. Je vous parlerai alors d'une doctrine démocratique ou du moins de la doctrine de certaines personnes qui prétendent représenter la démocratie et qui disent de l'impôt qu'il a pour objet d'opérer une nouvelle répartition des richesses. Je reste aujourd'hui dans la doctrine économique ; je recherche la justice au point de vue de l'école économique. Adam Smith et Hippolyte Passy l'ont définie dans les passages dont je viens de vous donner lecture. Si telle est la justice, si l'accord peut se faire sur ce qui constitue le caractère de justice dans l'impôt, comment ne pas rechercher quel est l'impôt qui réalise plus que tous les autres cette condition essentielle et comment ne pas aboutir à cette conclusion que cet impôt, quand on l'aura trouvé, doit devenir l'impôt unique destiné à remplacer dans les systèmes financiers des États tous les autres impôts qui pèsent sur les peuples.

Des tentatives ont été faites dans cet ordre d'idée ; je ne veux pas remonter trop loin, je ne veux pas remonter aux époques où les dépenses de l'État étaient fournies par le produit d'un domaine royal. Pendant bien longtemps, nos États généraux se sont bornés à réclamer du roi qu'il maintînt ses dépenses dans la limite du produit de son domaine, et on considérait comme extraordinaire toute espèce d'impôts, c'est-à-dire toute aide, toute subvention accordées au roi en dehors des produits du domaine. Jusqu'au quinzième siècle, peut-être même au seizième, il y avait encore dans l'esprit du tiers état, dans nos États généraux, cette pensée qu'il fallait renfermer le budget des recettes de l'État dans celui des produits du domaine. Les efforts faits par Sully pour reconstituer le domaine avaient, même à cette époque déjà si proche de nous, encouragé nombre de personnes fort instruites à penser que le grand effort qu'il fallait faire c'était de revenir à cette conception du budget royal.

C'était une utopie sans aucun doute, mais on pouvait espérer qu'avec un simple supplément ajouté au profit retiré du domaine, il était possible de faire face aux frais du gouvernement et de couvrir les dépenses de l'État. On a pu croire qu'un impôt unique n'était pas dans ces conditions une chose impossible. Il y a des historiens qui ont beaucoup loué Henri III pour avoir proposé aux États de Blois un impôt unique sur les feux, c'est-à-dire une sorte de capitation graduée, pour remplacer les aides et les gabelles. Le tiers-état l'a refusé; il a repoussé l'invention des conseillers de Henri III par une raison qu'il est difficile de ne pas trouver excellente. Le tiers-état, composé de bourgeois prudents, a pensé que l'impôt unique sur les feux pourrait bien être établi et promulgué en remplacement de tous les autres, mais que le lendemain, les impôts abolis pourraient être rétablis et reverdiraient à nouveau.

L'impôt est un arbre à feuilles persistantes, a dit Legouvé dans une de ses tragédies. Cet impôt unique, par lequel on aurait remplacé les tailles et d'autres impôts fort odieux au peuple, n'aurait pas été longtemps condamné à vivre seul ; on lui aurait donné des compagnons. Le tiers-état l'a donc rejeté et il a bien fait.

L'histoire de l'impôt unique ne commence véritablement qu'avec la dîme royale de Vauban ; elle se poursuit avec les physiocrates ; elle se continue avec l'école économique qui a été très éprise pendant la première moitié de ce siècle du système de l'*income-tax* anglais, et comme j'ai eu l'honneur de le dire, elle finit au milieu de notre dix-neuvième siècle, en 1860, au congrès de Lausanne, où on a entendu les économistes qui paraissaient être d'accord sur la définition de la justice, se disputer sans pouvoir s'accorder sur la nature de l'impôt unique par lequel on aurait pu remplacer tous les autres.

Depuis cette époque, l'impôt unique me paraît avoir disparu de la science et ne tient plus aucune place dans les discussions qui se poursuivent de nos jours.

J'ai à vous parler d'abord de la dîme royale de Vauban.

La dîme royale de Vauban prend place entre la capitation de Pontchartrain, de 1695, et l'impôt du dixième de Desmarest, de 1707, mais avant qu'elle ait été produite, avant même que Vauban l'ait rédigée et n'ait remis au roi son fameux mémoire, il s'était préoccupé des conditions dans lesquelles on pouvait établir une capitation graduée raisonnable. Dans le recueil si intéressant de la correspondance des contrôleurs généraux, on peut trouver, à la date de 1694, un mémoire très étendu de Vauban sur une capitation qui, suivant lui, serait juste. Ce mémoire contient déjà presque tous les principes qu'il a développés plus tard et qu'il a si bien mis en lumière dans sa *Dîme royale*.

Je n'ai pas à vous faire l'éloge de Vauban; vous savez que c'était un homme d'un grand génie et d'un grand cœur; il a été méconnu par Voltaire, mais il a été loué, comme l'a dit un jour M. Thiers à l'Assemblée nationale, par le médisant Saint-Simon, « qui a médit de tout et de tous, mais qui n'a pas pu médire de Vauban ».

Vauban était né en 1633; il est mort en 1707. Il a fait tous les travaux que vous connaissez, et parcourant, comme il l'a dit lui-même, pendant quarante ans le pays, dans tous les sens, il a pu se rendre compte de près, des conditions d'existence du peuple qu'il aimait tendrement. Il s'est aidé de ses connaissances étendues, de son esprit d'observation et de sa science mathématique pour créer en quelque sorte la statistique. C'était un statisticien merveilleux pour son époque, car les renseignements étaient alors difficiles à recueillir. Un très grand nombre des données statistiques de Vauban peuvent résister à la critique qu'on a pu en faire de nos jours.

Il suffit de lire sa préface pour reconnaître à quel point Vauban était préoccupé du sort du peuple. On peut, sans craindre de se tromper, le ranger parmi les démocrates

que le peuple et la démocratie auraient pu
prendre pour chef; il entreprenait de la
conduire dans une voie qui était sûre parce
qu'elle était raisonnable et juste. Je ne dis
pas qu'il n'y ait pas d'erreurs dans la *Dîme
royale*, et, certainement, à la lumière de la
science et de la pratique modernes, je ne
puis considérer la dîme royale comme constituant un impôt parfait, ni en théorie ni
en pratique. Quoique ce projet fût impraticable, il ne fait pas moins le plus grand
honneur à l'homme de génie qui en est l'auteur.

« Je me sens obligé d'honneur et de conscience, dit-il, de représenter à Sa Majesté
qu'il m'a paru que, de tout temps, on n'avait
pas eu assez d'égard en France pour le menu
peuple; et qu'on en avait fait trop peu de
cas ; aussi c'est la partie la plus ruinée et la
plus misérable du royaume ; c'est elle ce-

pendant qui est la plus considérable par son nombre et par les services réels et effectifs qu'elle lui rend ; car c'est elle qui porte toutes les charges, qui a toujours le plus souffert et qui souffre encore le plus. »

Il ajoute que, dans la vie errante qu'il a menée pendant quarante ans et plus, il a eu l'occasion de voir et de visiter plusieurs fois et de plusieurs façons la plus grande partie des provinces du royaume.

En 1694, les finances étaient ruinées ; on avait eu recours à tous les expédients ; la monarchie était devenue le gouvernement des grandes dépenses ; elle allait entreprendre ces guerres que mon collègue M. Sorel a si bien nommées *les guerres de magnificence*, dans son beau livre sur *l'Europe et la Révolution française* ; il fallait recourir à tous les moyens pour remplir le Trésor.

La *Dîme royale* paraît avoir été rédigée

en 1698 ; c'est du moins la date que donnent les auteurs qui ont le plus éclairé le problème historique et économique de la publication de cet ouvrage. Elle a été remise entre les mains du roi en 1707, peu de temps avant la mort de Vauban. Cependant, en 1694, à l'époque de l'établissement de la dîme graduée, dont je vous ai parlé dans ma dernière conférence, Vauban avait présenté un projet qui renferme des passages dont le développement s'est retrouvé plus tard dans la *Dîme royale*.

« Il est à remarquer, dit-il en 1694, qu'il y a quantité de personnes dans le royaume qui n'ont ni charges, ni qualités marquées, ni biens apparents, qui ne laissent pas d'être aysées par les commerces secrets qu'elles font ou pour avoir tout leur bien en rentes constituées, soit sous leur nom ou sous des noms empruntés. Pour ce qui est des commerçants de toutes espèces, il ne leur faut donner d'inquiétude que le moins qu'il sera possible, parce qu'on ne saurait trop favoriser le commerce, et, à l'égard de ceux dont les biens sont en constitution de rentes, il est juste qu'ils en payent leur part comme tous les autres. C'est ce qui se fera d'une manière aysée et insensible par cette capitation, sans qu'il soit nécessaire d'y rien ajouter, pas même d'en parler, évitant, par ce moyen, d'être obligé de fouiller dans le secret des familles, parce que tous les biens du royaume, consistant en prés, terres labourables, vignes, bois, bâtiments, bestiaux, charges, pensions, et en toutes autres natures de biens énoncées en ce projet, il est certain que toutes les constitutions de rentes, qui n'ont ni ne peuvent avoir d'autre hypothèque que sur ces biens, s'y trouveront renfermées et en feront partie. »

Et dans son projet de capitation, il énumère à peu près tout ce qui devra entrer plus tard dans sa dîme royale.

Boisguillebert avait, à la même époque, proposé également une capitation graduée qui n'était pas sans analogie avec celle de Vauban. Il encourut comme lui la disgrâce du roi pour avoir trop insisté. Ses idées ressemblaient à celles de Vauban ; il ne paraît cependant pas probable que les deux réformateurs aient eu ensemble des relations aussi intimes que certains auteurs l'ont prétendu. Boisguillebert avait un mauvais caractère. Il admettait difficilement la collaboration avec qui que ce soit, surtout avec un homme aussi supérieur que l'était Vauban.

Voltaire, qui n'a pas toujours été bien informé, a donc commis une erreur quand il a dit :

« La *Dîme royale* qu'on a imputée à Vauban n'est pas de lui, mais de Boisguillebert.

Elle n'a pu être exécutée et est, en effet, impraticable. On a de lui plusieurs mémoires dignes d'un bon citoyen... Observons qu'il était très ignorant, qu'il l'avouait avec franchise, mais qu'il ne s'en vantait pas. Il a prouvé par sa conduite qu'il pouvait y avoir des citoyens dans un gouvernement absolu.»

Il y a, dans ce jugement de Voltaire, beaucoup d'erreurs, d'abord quand il dit de Boisguillebert qu'il était l'auteur de la *Dîme royale*, ensuite quand il ajoute que Vauban était ignorant, qu'il avouait même son ignorance avec franchise ; Vauban savait énormément de choses ; il était non seulement savant dans l'art de l'ingénieur, mais il connaissait à fond tout ce qui constitue aujourd'hui ce qu'on appelle les sciences morales et politiques. Où Voltaire a raison, c'est quand il en parle comme d'un bon citoyen. C'est de Vauban que Saint-Simon a dit qu'il était un patriote : « Patriote comme il l'était, il avait toute sa vie été touché de la misère du peuple. » On prétend — il est probable que c'est vrai — que ce passage de Saint-Simon montre pour la première fois le mot de patriote employé dans le sens que nous lui donnons aujourd'hui pour désigner ceux qui aiment leur patrie ; jusque-là on lui donnait la signification de compatriote, c'est-à-dire d'habitant d'un même pays.

Lorsque Vauban a présenté au roi son projet de dîme royale, son but était surtout de remplacer les tailles de diverses natures ; car il y en avait de différentes sortes et la plupart étaient odieuses, odieuses par la manière dont elles étaient assises et surtout par les procédés au moyen desquels elles étaient recouvrées.

L'impôt de Vauban pouvait être appelé unique au regard des impôts directs, mais en réalité il n'était pas unique au sens absolu du mot, car il laissait subsister la plupart des impôts indirects qui ont aujourd'hui leur place dans notre système financier.

La partie la plus importante du nouveau système avait pour objet la dîme des biens. Cette dîme des biens était une appropriation en nature d'une portion de la récolte par l'État, ce qui assurait en conséquence une proportionnalité entre le produit brut de la terre et l'impôt; mais assurer une proportionnalité entre le produit brut et l'impôt, ce n'est pas du tout la même chose que d'assurer une proportionnalité entre le produit net et l'impôt! C'est un premier reproche très fondé qu'on a fait au projet de Vauban.

La dîme ecclésiastique se percevait alors de cette manière et Vauban avait remarqué qu'elle était recouvrée avec facilité au moyen de fermiers et de sous-fermiers; il n'y avait selon lui qu'à se servir d'une administration toute constituée, en ajoutant simplement à l'ancienne dîme ecclésiastique la nouvelle dîme royale qui aurait été réelle, puisqu'elle portait uniquement sur les biens et qu'elle opérait un prélèvement sur la totalité du produit brut, indépendamment de la qualité du propriétaire.

La grande critique adressée par Boisguillebert à la dîme royale de Vauban, ce qui prouve bien qu'il n'en était pas l'auteur, portait justement sur ce double fait que d'abord il s'agissait d'une part, non des produits nets, mais des produits bruts et ensuite que le recouvrement se faisait en nature ; les impôts en nature sont des impôts qui appartiennent en effet à l'enfance de l'art ; on les pratique chez les peuples qui n'ont pas de gouvernement régulier ou qui sont ruinés ; nous en avons eu un exemple il n'y a pas bien longtemps dans notre pays au commencement de ce siècle, sous le Directoire. L'impôt foncier a été en partie recouvré en nature à cette époque ; mais c'était à une époque de ruine et de désorganisation si grande qu'on peut dire qu'il n'y avait plus du tout de système financier.

L'impôt en nature est absolument impraticable dans un grand pays comme la France ; ce qui le justifiait dans la pensée de Vauban, c'était qu'il réalisait la proportionnalité sans avoir recours au cadastre. Les cadastres ont les inconvénients que l'on sait ; ils sont plus ou moins l'expression de la vérité le jour où on les établit et ils en sont très éloignés, trois, quatre, ou dix ans plus tard. Un cadastre fait pour servir de base à un impôt proportionnel sur les revenus de la terre cesse de remplir son office au bout de peu de temps, à moins qu'on ne le révise, ce qui est difficile et entraîne de grands frais.

Vauban avait voulu saisir le revenu de la terre dans sa réalité, et pour y arriver le prendre à sa source en nature ; c'est alors qu'il croyait pouvoir prélever, sans faire d'injustice aux citoyens, la part de l'Etat.

Son système se fondait sur trois maximes :

« La première, disait-il, est qu'il est d'une évidence certaine et reconnue par tout ce qu'il y a de peuples policés dans le monde, que tous les sujets d'un Etat ont besoin de sa protection, sans laquelle ils n'y sauraient subsister.

« La seconde, que le prince, chef et souverain de cet Etat, ne peut donner cette protection si ses sujets ne lui en fournissent les moyens, d'où s'ensuit — troisième maxime — qu'un Etat ne peut se soutenir si les sujets ne le soutiennent ; or ce soutien comprend tous les besoins de l'Etat, auxquels par conséquent tous les sujets sont obligés de contribuer. »

De là une triple nécessité :

« 1° Une obligation naturelle aux sujets de toutes conditions de contribuer à proportion de leur revenu ou de leur industrie sans qu'aucun d'eux s'en puisse raisonnablement dispenser ;

« 2° Qu'il suffit pour autoriser ce droit d'être sujet de cet Etat ;

« 3° Que tout privilège qui tend à l'exemption de cette contribution est injuste et abusif, et ne peut ni ne doit prévaloir au préjudice du public. »

Ce principe que tout le monde doit à l'Etat de payer un impôt proportionnel à son revenu, Vauban l'appliquait au moyen de la dîme, remplaçant ainsi par ce seul impôt non seulement la taille, mais encore les aides et les douanes provinciales. C'est ce qui lui permettait de dire que l'impôt qu'il conseillait d'établir était unique ; il conservait cependant la plupart des impôts autres que la taille, les aides et les douanes provinciales, et sa contribution, pour employer sa propre expression, se divisait en quatre fonds.

Le premier fonds, celui dont l'établissement et le recouvrement était le plus simple, était celui dont je viens de vous parler, c'est-à-dire la dîme en nature sur le produit des biens-fonds, le recouvrement d'une gerbe sur 15 ou sur 12 ou sur 10. Mais où la difficulté apparaissait, c'était quand il fallait constituer ce que Vauban appelait son second fonds. Ce second fonds consistait dans la dîme du revenu des maisons des villes et gros bourgs du royaume, des moulins, dans celle de l'industrie, des rentes sur le roi, des gages, des pensions, des appointements. Pour ce qui était des maisons, son impôt était recouvré sur une base réelle, la maison étant un bien visible, qui pouvait être estimé et qui pouvait donner lieu à l'établissement d'un rôle ; mais pour l'industrie il fallait bien abandonner le principe que Vauban avait commencé par affirmer. Vous vous rappelez que je vous ai cité un passage de sa préface où il est parlé des impôts comme devant frapper des biens qui sont visibles et tangibles, tels enfin que pour les connaître il n'est pas besoin de faire de recherches ni d'entrer dans le secret des familles. Pour pouvoir imposer une dîme sur l'industrie, Vauban est obligé de renoncer à pratiquer son système ; il demande la constitution de chambres de commerce, et les charge d'asseoir un impôt sur tel ou tel fabricant, sur tel ou tel commerçant, à proportion du produit de son industrie ou du bénéfice de son commerce, produit et bénéfice que les chambres de commerce à évaluer, auraient c'est-à-dire produit et bénéfice arbitrairement calculés et cotisés au moyen d'un abonnement dont le montant serait arrêté entre les commerçants et leurs chambres de commerce.

Pour les artisans, Vauban confiait le soin d'asseoir l'impôt aux jurés et gardes de chaque art et métier qui auraient à en faire la répartition « avec la proportion requise au travail et au gain d'un chacun ». Quant à ceux qu'il appelait les manœuvriers, Vauban les imposait en les assujétissant à une sorte de capitation modérée : « car, dit-il, on doit prendre garde, sur toutes choses, à ménager le menu peuple, afin qu'il s'accroisse et qu'il puisse trouver dans son travail de quoi soutenir sa vie, et se vêtir avec quelque commodité ».

On voit que Vauban abandonne, dès qu'il organise ce qu'il appelle le second fonds, le principe de l'impôt réel, et qu'il s'expose à tous les hasards de l'impôt personnel. Si le système de Vauban avait été appliqué, on aurait bien vite rencontré dans la perception de l'impôt de son second fonds toutes les difficultés qu'on avait rencontrées dans le recouvrement de la taille personnelle. Ce qui était tout à fait nouveau et ce qui constituait le fait saillant du système, c'était la suppression des exemptions et des privilèges. Une semblable réforme aurait déjà causé une satisfaction générale, la plus grande peut-être qu'il fût alors possible de donner au peuple, mais cette réforme si désirée et si désirable une fois faite, elle n'aurait pas pu porter tous ses fruits, car on serait bien vite retombé dans l'arbitraire, si on l'avait appliquée selon la méthode de Vauban.

Le troisième fonds de la dîme royale, s'éloigne de plus en plus de l'impôt unique. Le troisième fonds, c'est le sel. Vauban, d'ailleurs, perfectionne le système des gabelles ; il demande que l'impôt soit modéré, qu'il soit établi également, qu'il soit étendu partout peu à peu, en sorte que les Français soient égaux à cet égard comme dans tout le reste, et qu'il n'y ait point de distinction de pays de franc-salé d'avec celui qui ne l'est pas.

Il y avait enfin un quatrième et dernier fonds, et Vauban l'appelle le fonds des revenus fixes. Or, ce fonds se compose d'une grande variété d'impositions.

Ce sont d'abord les produits des domaines, les parties casuelles, les francs-fiefs, les amendes, les confiscations, puis certains droits locaux, le convoi de Bordeaux, la coutume de Bayonne, la ferme du Brouage, la ferme du fer, la vente des bois appartenant au roi, le papier timbré, les postes, sauf à demander que le port des lettres fût modéré et fixé de telle manière, que les commis ne pussent pas arbitrairement demander telle ou telle autre taxe ; enfin, les douanes, car si les douanes intérieures étaient supprimées, les douanes à la frontière étaient maintenues ; enfin, ce quatrième fonds renferme ce que Vauban appelle les impôts volontaires ; c'est-à-dire les impôts de consommation, sur le tabac, l'eau-de-vie, le thé, le café, le chocolat ; il faut y ajouter aussi les impôts somptuaires sur le luxe, la dorure des habits, des carrosses, la munificence des meubles, sur les perruques. — Il ajoute même qu'après avoir aboli les aides, on pourrait percevoir un impôt qui aurait ressemblé à ce que nous appelons le droit de détail chez les débitants de boissons, soit 3 livres 10 sous sur chaque muid de vin qui aurait été bu dans les 40 000 cabarets de France. Nous étions à 40 000 à cette époque, nous sommes aujourd'hui à 400 000!

Vauban avait donc, en matière d'impôt, des sentiments très démocratiques. Dévoué au menu peuple, il mettait la justice dans la proportionnalité et surtout dans l'absence de l'arbitraire. Il croyait que le premier des impôts devait être un grand impôt territorial proportionnel au produit des terres, mais pour ne pas sacrifier ceux qui possédaient les fortunes immobilières aux détenteurs de la fortune mobilière, il considérait comme nécessaires un grand nombre d'autres impositions. Son système était en réalité extrêmement multiple. Il n'y a dans ce système d'unique, que la pensée d'imposer tout le monde proportionnellement aux ressources de chacun. Il y avait unité de principe, mais diversité d'application. C'était en fait un système d'impôt aussi multiple que celui qui est actuellement en vigueur dans notre pays.

Le projet de Vauban fut présenté au roi en 1707 ; il reçut un fort mauvais accueil et fut supprimé presque immédiatement par un arrêt du Conseil, daté du 14 février 1707 et dont je reproduis les termes.

« Sur ce qu'il a été présenté au roi, en son Conseil, dit l'arrêt, qu'il se débite à Paris un livre portant projet d'une dîme royale qui supprime la taille, etc..., imprimé en 1707, sans dire en quel endroit et distribué sans permission ni privilège, dans lequel il se trouve plusieurs choses contraires à l'ordre et à l'usage du royaume ; à quoi étant nécessaire de pourvoir, ouï le rapport du sieur Turgot, le roi en son Conseil, ordonne qu'il sera fait recherche dudit livre, et que tous les exemplaires qui s'en trouveront seront saisis et confisqués et mis au pilon. Fait Sa Majesté défense à tout libraire d'en garder ni vendre aucun à peine d'interdiction et de 1 000 livres d'amende. »

Voilà le livre condamné. Le chagrin du grand homme fut profond ; on a dit qu'il en était mort, mais il ne faut pas oublier qu'il était âgé et fort malade ; M. Thiers, dans le discours de 1871 dont je vous ai parlé et qui contient un si beau portrait de Vauban, parle dans ces termes de la mort du grand ingénieur : « Mais il ne mourut pas, comme Racine, du chagrin d'avoir déplu au roi ; il mourut de son grand âge et de ses longs services, faisant des vœux pour que le gouvernement de son roi s'éclairât, et si ce roi avait voulu s'éclairer ce jour-là, il eût produit la première des œuvres de la Révolution française un siècle avant elle. » Le système de Vauban, quoique d'une application impossible, était fondé sur le sentiment de la justice; il avait pris naissance dans un amour vrai de la démocratie.

Je vous ai dit, tout à l'heure, que la dîme royale avait été proposée entre l'impôt de capitation de 1695 et l'impôt du dixième de 1707 ; l'impôt du dixième ressemblait beaucoup à la dîme de Vauban et constituait un véritable impôt sur le revenu, mais c'était un impôt en sus des autres, qui n'avait pas pour objet de remplacer la taille personnelle ni les autres tailles et qui ne devait affranchir le peuple ni du poids ni de l'arbitraire d'aucun autre impôt. Saint-Simon, qui avait été un partisan si déclaré des projets de Vauban, jugeait, au contraire, avec une extrême sévérité la dîme de 1707. Vous vous rappelez peut-être ce passage des *Mémoires* de Saint-Simon, où il est dit « que Desmarest imagina d'établir, en sus de tant d'impôts, cette dîme royale sur tous les biens de chaque communauté et de chaque particulier du royaume, que le maréchal de Vauban d'une façon et que Boisguillebert de l'autre avaient autrefois proposée comme taxe unique, simple, qui suffisait à tout et qui entrerait tout entière dans les coffres du roi ». Vous pouvez reconnaître par l'analyse que j'ai faite de la dîme royale que Saint-Simon commet une erreur, car la dîme royale devait remplacer seulement les tailles, les aides et les douanes intérieures.

Telle est, en quelques mots, l'histoire de la célèbre tentative de l'impôt unique de Vauban, qui a été la préface de l'impôt du dixième de Desmarest, qui n'était guère praticable, mais qui valait pourtant mieux que l'imposition à laquelle le grand roi finit par donner la préférence.

La seconde tentative est beaucoup plus

scientifique, à mon sens, et quoiqu'elle n'ait pas été, plus que celle de Vauban, mise à l'épreuve de la pratique, elle n'en a pas moins eu une influence considérable sur les esprits et a fait faire les plus grands progrès à la science financière. Je veux parler de l'impôt unique des physiocrates.

La doctrine des physiocrates date de 1750 à 1758 ; elle a été produite par une école de penseurs et de publicistes qui s'appelaient *les économistes* — le nom de *physiocrates* ne leur a été donné que beaucoup plus tard, et même longtemps après que l'opinion publique les avait abandonnés ; leur secte, comme on disait, avait pour chefs le docteur Quesnay et Gournay, qui est l'auteur de la fameuse maxime : « Laissez faire ! et laissez passer ! » Ils avaient considéré l'un et l'autre que toute richesse venait de la terre et que, par conséquent, nul bien ne pouvait se trouver entre les mains d'un être humain qui n'eût été récolté de la terre et qui ne provînt des fruits qu'on en avait tirés ou des végétaux qu'on y avait cultivés, ou des matériaux qu'on en avait extraits.

« Il n'entre dans le commerce que deux choses — c'est Turgot qui écrit ces lignes, et on sait qu'il était un élève du docteur Quesnay — les productions de la terre et le travail. Le prix du travail comprend la subsistance et les jouissances de l'homme laborieux. Elles sont toutes en consommation des productions de la terre plus ou moins élaborées par un autre travail, lequel a été payé lui-même en fournitures et en consommation d'autres productions. Le travail est toujours payé par les productions de la terre. »

« Si vous mettez, disait Quesnay, un impôt sur les toiles, le tisserand ne pourra continuer sa profession — puisqu'il n'en retire que ce qui est indispensable — qu'autant qu'il retiendra le montant de l'impôt sur le cultivateur du chanvre. »

« Quand j'entends parler de taxer les revenus de l'industrie, écrivait Turgot, je crois revenir à la grande question de la soupe des Cordeliers. Elle est à eux quand ils l'ont mangée. »

Les physiocrates pensaient donc qu'il n'y avait qu'un seul impôt qui fût juste, et que c'était l'impôt sur les productions de la terre, et ils pensaient que les propriétaires pouvaient se faire rembourser par tous les autres, puisqu'on se passait de main en main la production de leur terre.

Le propriétaire, seul contribuable, saura se faire rembourser le montant de l'impôt, sur les produits de la terre et le répartira, en exigeant ce remboursement, entre tous ceux qui consomment ou utilisent les produits de la terre, c'est-à-dire tout le monde. Telle est la doctrine, tel est le système.

Cette théorie a été accueillie comme une conception si séduisante, comme une proposition d'une allure si scientifique, que les gens les plus distingués du dix-huitième siècle ont trouvé naturel de s'y rallier. Il est un homme pourtant qui ne s'y est pas laissé prendre, c'est Voltaire. Un des plus charmants ouvrages de Voltaire a été écrit pour réfuter la doctrine des physiocrates, je veux parler de *l'Homme aux quarante écus*. Cette fantaisie, si amusante et si profonde, n'est pas autre chose qu'une satire contre la secte des économistes et leur théorie de l'impôt unique sur la terre.

On sait que Beaumarchais a édité les œuvres complètes de Voltaire à Kehl, et qu'il avait établi, au-delà du pont, une grande imprimerie. On prétend que c'était pour faire croire à une spéculation qui l'aurait enrichi, cachant ainsi la source des bénéfices trop considérables qu'il avait pu faire dans des fournitures d'armes aux États-Unis et dans d'autres affaires interlopes. Or, l'édition de Kehl a eu pour directeur Condorcet, qui avait été physiocrate et était resté grand admirateur de Quesnay et de Turgot. Aussi, Condorcet, dans la préface de *l'Homme aux quarante écus*, ainsi que dans les notes mises au bas des pages, combat-il avec beaucoup de force les critiques, si justes cependant et si bien dites, dont Voltaire criblait le système de ses maîtres.

Voltaire avait cent fois raison. Est-il possible d'admettre qu'un homme qui fait le commerce, et qui fait le commerce des produits de la terre, comme le blé ou l'indigo, puisse réaliser une fortune de je ne sais combien de millions, sans avoir eu à payer pendant qu'il s'enrichissait et sans avoir à payer après qu'il s'est enrichi aucune espèce d'impôt? Est-il raisonnable de lui permettre de prétendre qu'il n'a rien à payer parce que le propriétaire qui a cultivé le blé ou l'indigo dont il a fait le commerce, a payé l'État et a dû se rembourser sur lui.

« N'y a-t-il pas une prodigieuse injustice, fait dire Voltaire à l'Homme aux quarante écus, à me prendre la moitié de mon blé, de mon chanvre, de la laine de mes moutons, etc., et de n'exiger aucun secours de ceux qui auront gagné dix ou vingt mille livres de rente, avec mon chanvre dont ils auront tissé de la toile, avec ma laine dont ils ont fabriqué des draps, avec mon blé qu'ils auront vendu plus cher qu'ils ne l'ont acheté. — Et l'autre de lui répondre : Moi, dit-il, que je contribue aux besoins de l'État ! Vous voulez rire, mon ami, j'ai hérité d'un oncle qui avait gagné 8 millions à Cadix et à Surate ; je n'ai pas un pouce de terre. Tout mon bien est en contrats, en billets sur la place ; je ne dois rien à l'État. C'est à vous de donner la moitié de votre subsistance, vous qui êtes un seigneur terrien ! »

Le pamphlet continue pendant longtemps sur ce ton et la verve n'en tarit jamais. Le système des physiocrates ne résista pas à cette critique et ne pouvait y résister ; il est impraticable et n'aurait aucun des avantages que s'en promettaient les physiocrates. La preuve en a été faite par Voltaire d'abord et par l'école économique d'Adam Smith et de Jean-Baptiste Say ensuite, c'est-à-dire par l'Économie politique tout entière.

Ce qu'il y a de remarquable dans l'impôt unique territorial des physiocrates, c'est l'extrême indifférence de ceux qui l'ont inventé

pour la nature de l'impôt envisagé au point de
vue de la justice de sa distribution et une con-
fiance étrange et absolue dans les lois de l'incidence naturelle ; les physiocrates semblent
croire qu'il est indifférent que l'impôt soit établi sur telle ou telle production par cette raison que le jeu naturel des affaires permet à
chacun de se faire rembourser de l'impôt
qu'il a payé le premier et d'en faire retomber
le poids sur tous ceux avec lesquels il fait des
transactions. On ne voit pas bien comment les
citoyens s'en tireront, mais les lois naturelles
de l'incidence arrangeront tout pour le
mieux. Telle doit être la conclusion philosophique du système des physiocrates. Et ce
qui est très particulier, c'est que cette conclusion est exactement la même que celle de
M. Thiers quand il défend le système des impôts indirects et qu'il se déclare partisan très
convaincu des impôts multiples. M. Thiers,

comme les physiocrates, croit que les lois de l'incidence arrangeront tout pour le mieux.

« Dans tous les pays, dit M. Thiers (discours du 19 janvier 1831), où l'on cherche à arriver à la plus parfaite égalité possible dans les charges par l'application des facultés des individus, ce problème a toujours été insoluble. On n'a pas établi un impôt qui atteignît la fortune de chacun. Mais le moyen d'en approcher le plus possible est la variété même des impôts, car celui qui est ménagé par un impôt est saisi par un autre et l'équilibre est rétabli. »

Celui qui est saisi par un impôt sur sa consommation se fait rembourser par le patron qui l'emploie, le fabricant qui est obligé de payer des impôts sur les produits qu'il vend à sa clientèle se fait rembourser par la clientèle qui les achète; Franklin l'a dit : quand on met un impôt sur les produits des fabricants, les fabricants mettent l'impôt sur leur facture ! Il est très vrai que, par les lois de l'incidence, les impôts se répartissent entre les citoyens et vont frapper ceux qui les doivent en réalité; on ne peut pas dire cependant que ce soit chose indifférente d'être percepteur de l'impôt ou de ne pas l'être. Celui qui a perçu pour compte de l'État, après avoir fait l'avance de l'impôt, peut bien ne pas être remboursé du tout. C'est un cas très fréquent, et c'est l'impossibilité où l'on est de se faire rembourser qui rend si profondément injustes certains impôts de consommation; lorsqu'un ouvrier est soumis à un nouvel impôt de consommation il demande une augmentation de salaire et fait payer l'impôt par son patron; mais vienne le chômage, l'ouvrier n'a plus personne devant lui à qui demander le remboursement de l'impôt; il l'a payé et il en garde le poids.

Il ne faut donc pas mépriser la justice dans l'établissement de l'impôt ; il ne faut pas se laisser aller à croire que la loi de l'incidence naturelle puisse tout remettre à sa place. C'était l'erreur des physiocrates, comme ce fut aussi souvent l'erreur de M. Thiers quand il défendait, avec trop d'énergie, le système des impôts indirects dont le montant peut être certainement quelquefois excessif quand on le compare à celui des impôts directs.

L'impôt des physiocrates a perdu presque tout d'un coup ses partisans, et dès les premiers jours de la Révolution, à l'Assemblée nationale, quand les orateurs parlent du système financier nouveau qu'il y a lieu d'imaginer, ils considèrent tous l'impôt unique des physiocrates comme ne pouvant même pas être mis en discussion. « Ainsi seront toujours inadmissibles, dit Pierre Delley dans la séance du 19 septembre 1790, ces dogmes si vantés par une société nombreuse et illustre sur l'impôt unique. Cette doctrine est inadmissible par ce seul fait que sa théorie va se briser aux pieds de l'expérience. » Il y avait cependant parmi les hommes les plus importants de l'Assemblée nationale un des plus fervents et des plus éminents disciples des physiocrates, Dupont de Nemours, qui les a défendus toutes les fois qu'on les a attaqués, mais qui n'a pas demandé qu'on appliquât rigoureusement leur système il a souvent reproché à l'école économique, qui a succédé aux physiocrates et qui était née d'eux, de les avoir abandonnés ; il écrivait à Jean-Baptiste Say : « Vous battez votre nourrice quand vous combattez les physiocrates. » Toutes les fois que Jean-Baptiste Say faisait ressortir les erreurs de leur doctrine, Dupont de Nemours ne manquait pas de le lui reprocher, car c'était à eux, disait-il, que **J.-B.** Say devait tout ce qu'il savait et tout ce qu'il était.

Je veux admettre, car c'est la vérité, que l'école économique moderne doit beaucoup aux physiocrates ; mais cela ne m'empêche pas de reconnaître que l'économie politique a bien fait de repousser l'impôt unique des physiocrates comme n'étant fondé, ni en théorie ni en pratique, sur des principes qui puissent servir de base à un système financier raisonnable.

L'économie politique a cherché d'un autre côté la solution du problème de la justice. Pendant un temps, elle a été éprise de l'*income-tax* anglais, et elle a paru croire que l'impôt sur le revenu pourrait bien être cet impôt unique qui doit faire régner la justice dans la distribution des charges publiques. On a pu souvent rencontrer des traces de cet entraînement dans les écrits des économistes de l'école libérale. Bastiat lui-même, vers 1850, parlait de l'impôt sur le revenu comme pouvant devenir l'impôt unique à la condition cependant que le total du budget ne fût pas trop élevé et ne fût pas, par conséquent, aussi élevé qu'il l'est devenu de nos jours, Bastiat espérait que l'État, en restreignant ses attributions, pourrait réduire le budget à un minimum de dépenses auxquelles on pourrait faire face au moyen d'impôts simplifiés, tellement simplifiés qu'on aurait pu les transformer en un impôt unique.

« Quand dans un pays, dit Bastiat, l'impôt est très modéré, il est possible de le répartir selon les règles de la justice et de le prélever à peu de frais. Supposez, par exemple, que le budget de la France ne s'élevât pas au delà de 500 à 600 millions. Je crois sincèrement qu'on pourrait dans cette hypothèse inaugurer l'*impôt unique*, assis sur la propriété réalisée mobilière et immobilière. »

Le premier consul reçut un jour l'abbé Morellet ; Morellet était alors un vieillard de plus de quatre-vingts ans, qui avait vécu sous Louis XV et sous Louis XVI, et qui avait traversé toute la révolution. Il avait été l'ami de Quesnay, et était resté physiocrate convaincu. Le personnage qui présentait Morellet au premier consul le lui nomma, rappelant le rôle qu'avait joué dans les discussions économiques de son temps cet aimable vieillard. « Ah ! vous êtes un économiste, dit Napoléon ; alors vous êtes partisan de l'impôt unique ! »

Pour Napoléon, économiste et partisan de l'impôt unique, c'était tout un. Morellet en répondant fit une réflexion semblable à celle que Bastiat devait faire plus tard. « Il est vrai, dit-il, que je crois qu'on pourrait demander l'impôt aux seuls propriétaires, s'il était modéré ; mais lorsqu'il est excessif on est obligé de le dissimuler, et pour cela de le prendre sous toutes les formes et de le tirer d'où l'on peut. »

En 1860, il y eut un moment où l'on put croire que les économistes allaient se mettre d'accord sur l'impôt unique. Le canton de Vaud avait voulu, faisant table rase, créer un système financier logique, scientifique, juste, et pour y arriver il ouvrit un concours. Le concours produisit un certain nombre de mémoires assez importants, et entre autres un travail qui est devenu fameux, c'est le traité des impôts de Proudhon ; le célèbre livre de Proudhon n'est pas en effet autre chose qu'un mémoire présenté au concours que le canton de Vaud avait ouvert en 1860.

En même temps, et pour ajouter une sorte de leçon orale à la leçon écrite qu'il voulait qu'on professât pour lui, le canton de Vaud réunit un congrès ; ce congrès fut préparé à Lausanne par Pascal Duprat alors en exil. L'organisateur du congrès fit appel à tous les économistes de l'Europe, et ce ne fut pas en vain ; nombre d'hommes distingués répondirent à l'invitation et entre autres, parmi les Français, Joseph Garnier, Émile de Girardin, M. Clamageran.

On discuta plusieurs grosses questions et entre autres celle de l'impôt unique. Le programme était le suivant :

« I. Théorie de l'impôt, ou des règles qui doivent servir de base à tout régime fiscal qui veut se mettre d'accord avec la science et la justice, fondement nécessaire de toutes les institutions sociales.

« II. Examen critique des diverses formes d'impôts qui figurent aujourd'hui dans la plupart des budgets de l'Europe. Influence de ces impôts sur la richesse, la moralité et le bien-être du peuple.

« III. Aperçu des réformes fiscales qui ont été accomplies dans ces derniers temps et de leurs conséquences. Du rôle que l'impôt sur le capital et l'impôt sur le revenu ont joué dans ces réformes.

« IV. Doit-on ramener à un impôt unique les divers impôts que nos États modernes ont empruntés à la fiscalité des derniers siècles ? Cette transformation étant possible, est-elle désirable ? L'impôt unique, dans ce cas, devrait-il porter sur le capital ou sur le revenu ? Devrait-il être proportionnel ou progressif ?

« V. Des réformes partielles qui peuvent être introduites immédiatement dans l'impôt, en attendant une réforme plus complète et plus radicale. »

Le congrès dura trois jours, mais, dès le

premier jour, la discussion porta — et il ne pouvait en être autrement — sur les attributions de l'État. On voulut savoir ce qu'il était juste de comprendre dans les dépenses de l'État, avant de chercher les ressources pour y pourvoir. On eut raison de commencer par le commencement, mais il en résulta qu'on ne put s'entendre. Des orateurs posèrent la question, et l'un d'eux, le docteur Hornung, émit une théorie dont je vous parlerai longuement, car elle fera l'objet de ma prochaine conférence. Le docteur Hornung, professeur de droit, délégué par l'Académie de Lausanne, posa en principe que l'impôt rationnellement employé devrait être avant tout, entre les mains de l'État, une arme de moralisation publique. « L'État, comme dit Hégel, est un esprit, une âme, la substance morale de la société. C'est par l'action de l'État que se développe la civilisation, et c'est dans les fonctions de l'État que rentrent les moyens de faire progresser l'art, la religion, l'instruction. » C'est ainsi, disait, en terminant, le docteur Hornung, que naissent le devoir du contribuable et le droit de l'État de prélever une part de la fortune et des revenus des citoyens.

Avec un pareil point de départ, il était clair qu'on ne pouvait pas s'entendre. C'était le contrepied de la doctrine de Joseph Garnier, fidèle disciple de Jean-Baptiste Say.

Émile de Girardin n'était pas plus rapproché que Garnier du docteur de Lausanne. Il considérait l'impôt comme une assurance ; il soutenait que l'Etat était un simple assureur et que les contribuables n'étaient pas autre chose que des citoyens ayant des biens à faire assurer. Aussi, pour lui, l'impôt ne devait-il peser que sur les contribuables dont les biens pouvaient être l'objet d'une assurance. Il en concluait que l'impôt devait être volontaire, c'est-à-dire consenti en raison des avantages que l'on avait à le payer.

Il résulta de cette mêlée que le congrès ne conclut à rien, car les vœux qu'il émit furent vagues et contradictoires. En voici la formule : « I. On peut ramener à un petit nombre, et dans l'avenir à un impôt unique, les divers impôts que nos États modernes ont empruntés à la fiscalité des anciens.

« II. Cette transformation deviendra de plus en plus possible et praticable avec le progrès des libertés publiques, de l'indépendance des nations et de la civilisation en général.

« III. L'impôt, pour être juste, doit embrasser tous les éléments de la richesse et porter à la fois sur le capital et le revenu... et sur les acquisitions à titre gratuit.

« IV. Pour réaliser utilement ce système, il importe, avant de l'établir, d'éclairer l'opinion publique par la diffusion des principes de l'économie sociale. »

Il ne manqua pas de gens pour s'écrier que l'impôt unique entendu ainsi était un triple impôt, et le congrès de se dissoudre sans avoir rien produit, si ce n'est le livre de Proudhon, publié un peu plus tard. Proudhon démontra dans son livre que les économistes réunis à Lausanne ne pouvaient pas aboutir, qu'il ne leur était pas possible de se mettre d'accord sur l'impôt unique parce que l'impôt unique n'existe pas, car l'impôt étant un effort du producteur et constituant une augmentation des frais de production de toutes les choses produites, il faut le chercher partout où il y a des productions, partout où il se crée une richesse, où il s'effectue un travail.

« L'unité de l'impôt, disait-il, est de pure théorie ; elle consiste en ce fait tant de fois exprimé, que tout impôt se prélève en définitive sur le produit, et que les différentes formes qu'il affecte ne sont que les différentes manières dont le fisc se procure sa prébende. La société est la déesse aux grandes et nombreuses mamelles, qui nourrit de son lait, non pas seulement l'État, mais tous les citoyens. Regardez comment ceux-ci se comportent. S'adressent-ils à un seul et unique mamelon ? Non : par la voie de l'échange, ils vont pomper tour à tour leur subsistance dans les diverses catégories de la production. A l'un ils demandent du blé, à l'autre de la viande ; à celui-ci du crédit, à celui-là l'habitation ; à cet autre de la science, etc., et payent chacun en argent. Ainsi fait, à sa manière, l'État demandant son salaire à qui peut le payer, frappant la richesse là où il la trouve, aspirant la substance qui le nourrit chez toutes les classes de la nation, parce qu'en effet cette substance se trouve, non pas recueillie sur un point comme en un vaste réservoir, mais répandue et disséminée à l'infini dans les tubes capillaires du corps social. »

Je compte me placer dans une prochaine conférence à un point de vue très différent du point de vue économique que j'ai seul abordé jusqu'ici. Nous avons vu jusqu'à présent la démocratie conduite par les hommes dont les idées sont aujourd'hui qualifiées par nous d'idées économiques. Ces hommes-là sont persuadés que la proportionnalité de l'impôt constitue une vérité démontrée, car ils croient que l'impôt est simplement une partie enlevée aux revenus de chacun pour faire face à des dépenses nécessaires. Il nous reste à nous rendre compte des nouvelles voies ouvertes à la démocratie, par ceux qui voient dans l'impôt un moyen d'égaliser les conditions humaines, et qui trouvent juste de prendre aux uns une part de leurs revenus pour la dépenser au profit des autres. Nous verrons alors se produire de nouveau une idée analogue à celle de l'impôt unique, car nous entendrons préconiser l'impôt sur le capital, l'impôt sur le surplus, c'est-à-dire sur les épargnes au moment où elles se forment, avant qu'elles aient constitué un capital permanent, et un impôt sur la fortune, c'est-à-dire un impôt sur les épargnes formées, c'est-à-dire déjà consolidées en capital. Cet impôt, en quelque sorte unique, serait perçu par divers procédés, tantôt sous le nom d'impôt sur le revenu, tantôt sous le nom d'impôt sur le capital, mais nous verrons que l'impôt sur le revenu peut n'être qu'une forme de l'impôt sur le capital.

On peut donc dire que la doctrine de l'impôt unique, absolument abandonnée par les économistes, pourrait bien être reprise sous une nouvelle forme par les écoles socialistes, dont j'aurai à vous parler dans ma prochaine conférence.

TROISIÈME CONFÉRENCE

(3 MARS 1886.)

Des impôts établis pour modifier la distribution de la
richesse entre les citoyens. — Impôts progressifs
sur le capital et sur les revenus. — Retour à l'impôt personnel.

Dans mes deux dernières conférences, je
vous ai montré l'école libérale mettant son
énergie au service' de la démocratie et l'ai-
dant à triompher de ses oppresseurs. Je vais
vous faire entrer aujourd'hui comme dans
un monde nouveau. Pour certains chefs pré-
tendus de la démocratie, l'école libérale a
fait son temps. Après s'en être servi pour
triompher, ils conseillent à la démocratie de
l'abandonner, de se confier aux écoles so-

ciales ou socialistes et de se soumettre à leur domination.

Pour ces écoles, que je ne peux pas appeler *nouvelles*, car des prétentions analogues aux leurs se sont produites dans tous les temps, il faut que les dépenses publiques et le recouvrement de l'impôt soient réglés, en vue d'égaliser les conditions, et de corriger ce qu'il peut y avoir de défectueux dans la distribution de la richesse. L'impôt et les dépenses publiques doivent être combinés de telle sorte que les citoyens trop riches soient appauvris, et que les citoyens trop pauvres soient enrichis. Entre la doctrine économique et financière de l'école libérale et celle des écoles socialistes, ce n'est donc pas seulement une différence qu'il faut relever, c'est une contradiction absolue, une contradiction qui prend sa source dans deux conceptions différentes et contradictoires de la nature de l'impôt et des dépenses publiques, et dans deux conceptions différentes et contradictoires des attributions de l'État.

L'école libérale est individualiste, cela est vrai. Encore faut-il s'entendre sur l'individualisme des libéraux? L'école libérale croit que la société humaine est fondée sur le respect de ces deux lois naturelles, l'énergie et la responsabilité individuelles. Quand on dit qu'elle nie la société et l'existence des droits et devoirs supérieurs qui incombent à la société, on tombe dans une grave erreur. Les individualistes de l'école libérale connaissent assez la nature pour savoir qu'il y a des êtres sociables. Aucun de nous ne peut concevoir une fourmi sans sa fourmilière ni une abeille sans sa ruche. L'école libérale individualiste n'a pas la prétention de concevoir l'homme autrement que dans la société, mais ce qui la distingue des autres écoles sociales, c'est que, considérant la société comme un produit de lois naturelles, elle se contente de chercher ces lois. Nous ne nous demandons pas quelles seraient les lois qu'il serait bon de promulguer pour fonder la société, ni quel serait le contrat à passer pour assurer dans un accord social le maximum de bien et le minimum de mal dans l'humanité. Nous n'entrons pas dans ces sortes de vues ; nous nous croyons obligés de prendre la société comme elle est, c'est-à-dire constituée par des lois naturelles. L'objet de la science sociale nous paraît consister simplement dans la recherche de ces lois naturelles et nous ne nous occupons pas de lois imaginaires ou à imaginer pour produire une société différente de la société naturelle.

Quand on réfléchit sur la nature de la loi

naturelle et fondamentale de la Société, quand on se demande quelle est la force qui maintient la Société et lui permet de résister à tous les éléments de dissolution qu'elle contient dans son sein, on s'aperçoit qu'il existe deux principes supérieurs ; car toutes les fois que ces deux principes sont atteints, la société décline. Ces deux principes supérieurs, ce sont l'énergie individuelle et la responsabilité individuelle. C'est en partant de ce raisonnement que l'école libérale a déduit ses définitions et ses conceptions des attributions de l'État et de la nature des impôts.

Les écoles sociales ou socialistes se mettent à un point de vue très différent ; elles reconnaissent bien que la société est la règle nécessaire de l'humanité, mais en présence de certains maux qui les affligent, elles se demandent si on ne pourrait pas corriger la nature, et constituer au moyen de lois sociales nouvelles une société différente de la société actuelle, c'est-à-dire une société dans laquelle il y aurait moins de mal et plus de bien. Ces écoles cherchent donc des lois sociales; elles s'attachent beaucoup moins à déterminer les lois naturelles que l'école libérale considère comme immuables, qu'à imaginer d'autres lois qui puissent faire disparaître les maux et les inconvénients de la société actuelle.

De ces deux conceptions absolument contradictoires découlent nécessairement deux idées différentes sur les dépenses publiques et sur l'impôt.

Pour l'école libérale individualiste, on peut dire que la dépense publique reste une dépense individuelle, quoiqu'elle soit faite par tout le monde. Chacun de nous charge l'État de faire la dépense qu'il ne peut pas ou ne veut pas faire ; ne peut pas faire, parce qu'à lui seul il n'en a pas les moyens, ou ne veut pas faire, parce qu'en s'associant aux autres contribuables il espère arriver au même résultat ou à un résultat meilleur, plus facilement et plus économiquement.

L'impôt, dans l'école libérale, aboutit toujours à la formule dont je vous ai parlé dans une de mes précédentes conférences ; il affecte tous les citoyens ; il oblige chacun d'eux à subir une augmentation d'efforts ou une diminution de jouissance. Imaginer une société dans laquelle l'impôt soit autre chose qu'une augmentation d'efforts ou une diminution de jouissance pour l'universalité des citoyens, c'est imaginer quelque chose de contradictoire à la société naturelle. Cela ne veut pas dire qu'il soit facile de trouver une règle définitive et abso-

lue au moyen de laquelle on puisse déterminer la nature et la quotité des dépenses
dont les individus peuvent charger l'État.
A une époque où les gouvernements paraissaient avoir une existence et un intérêt
séparés de l'existence et de l'intérêt de la
nation, il était facile de discuter. Les contribuables se défendaient et cherchaient à
ne verser entre les mains collectives du
gouvernement que le moins d'argent possible ; il y avait alors en quelque sorte deux
parties en présence qui se disputaient entre
elles. Le gouvernement était comme le régisseur des intérêts nationaux. La nation qui
employait ce régisseur voulait lui donner la
moindre rémunération possible et obtenir en
récompense le concours le plus complet.
C'était un marchandage. Quand les gouvernements sont devenus des gouvernements nationaux, quand leur intérêt et celui de la na-

tion se sont confondus, il était naturel — et
les faits l'ont prouvé dans tous les pays —
que la limite des dépenses publiques fût re-
culée. C'est ce que M. de Rémusat a exprimé
dans un discours resté célèbre, prononcé à la
Chambre des députés dans les premiers temps
du gouvernement de Juillet, en disant que les
gouvernements nationaux peuvent être des
gouvernements économes, mais qu'ils ne
sont pas des gouvernements économiques.
Ils peuvent ne vouloir dépenser, c'est même
leur strict devoir, que le nécessaire ; mais
ils veulent dépenser tout le nécessaire ; ils
peuvent, en conséquence, dans certaines
circonstances, dépenser plus que n'auraient
fait certains gouvernements monarchiques,
dans des temps et sous des monarchies où
les gouvernements pouvaient avoir un intérêt dynastique propre, indépendant de
l'intérêt national. Les gouvernements natio-

naux peuvent, en un mot, dépenser davantage et donner à la nation plus de satisfactions.

Je me rappelle avoir causé dans ma jeunesse avec un publiciste anglais extrêmement distingué, professeur d'économie politique à l'Université d'Oxford, M. Senior.

Je parlais avec lui des grandes dépenses qui se faisaient à Paris ; je m'occupais beaucoup à cette époque — il y a vingt-cinq ou trente ans — des finances de la ville de Paris, et je lui disais que les habitants de Paris étaient surchargés d'impôts, que les droits d'octroi étaient intolérables, qu'ils avaient été étendus à des populations suburbaines auxquelles on les faisait supporter pour la la première fois, ce qui était dur pour elles ; que les centimes ajoutés au principal des contributions directes rendaient ces contributions très lourdes, et que toutes ces

charges avaient été imposées à la popula-
tion pour qu'on pût accomplir des dépenses
dont quelques-unes me paraissaient très cri-
tiquables, pour faire entre autres des expro-
priations coûteuses et percer des boulevards
dont la dépense ne me paraissait pas proportionnée à leur utilité. Je me plaignais,
en un mot, de l'excès et de l'abus des dépenses publiques.

Il me répondit en me faisant remarquer
que les dépenses totales de la nation se divi-
sent en deux parties fort inégales : la première, la plus forte, comprenant les dépenses
individuelles, et la seconde, la moins forte,
comprenant les dépenses publiques, et que
parmi les unes et les autres, il pouvait y
en avoir d'inutiles ou de peu justifiées,
mais qu'il était probable que la proportion
des mauvaises dépenses était plus forte pour
celles que les particuliers faisaient direc-

tement que pour celles qu'ils faisaient par l'intermédiaire de l'État. « Vous portez, disait-il, à votre percepteur une somme qui représente vos contributions; c'est peut-être se montrer excessif que d'évaluer à 10 ou 12 pour 100 la partie de cette somme que l'État pourra mal ou inutilement dépenser? Quand vous tirez de votre porte-monnaie une somme destinée à une dépense quelconque, êtes-vous bien sûr d'avoir bien employé votre argent; vous eussiez peut-être mieux fait d'économiser 10, 20 ou 25 pour 100 sur cette dépense ; la comparaison pourrait bien être en faveur de l'État et je ne serais pas étonné qu'il fût moins gaspilleur que vous ? » Il n'est pas douteux que la dépense dont les citoyens peuvent charger l'État peut être quelquefois considérable. Ceux-là mêmes qui croient que l'État ne doit pas s'arroger le droit de faire d'autres dépenses que celles qui sont nécessaires, admettent une certaine latitude parce qu'il est difficile de définir les dépenses publiques nécessaires. L'expérience apprend, en effet, comme je l'ai dit plus haut, que les dépenses des gouvernements nationaux, c'est-à-dire des pays qui se gouvernent eux-mêmes, sont plus élevées que les dépenses des autres espèces de gouvernements ; mais l'extension des dépenses n'est légitime qu'à la double condition qu'elles soient nécessaires, et qu'elles ne soient entreprises que dans l'intérêt des contribuables qui en ont fourni le montant.

On peut évidemment se tromper sur la nécessité de la dépense, on peut même être trompé, car il y a des exemples de mauvaise foi ; certains gouvernements ont pu entraîner les peuples dans des dépenses dont la nécessité était loin d'être prouvée, et dont on a pu dire qu'elles n'avaient été faites que dans un intérêt particulier ; mais si le pays reste fermement attaché aux principes de la dépense nécessaire, ni les erreurs de bonne foi, ni même les tromperies intéressées de certains gouvernements ne peuvent produire de résultats tout à fait désastreux.

Si au contraire le gouvernement est remis par la nation elle-même à une école doctrinale, à une école dont le principe soit de transformer l'impôt en instrument de nivellement des fortunes, si le gouvernement et la nation croient que la société a un objet supérieur, qui est de poursuivre l'amélioration sociale par tous les moyens, en sacrifiant au besoin la liberté et la propriété des individus à ce qu'on doit considérer comme le bien social ; on ne peut plus espérer trouver une limite au mouvement ascendant des dépenses publiques.

Il n'est que trop facile de se former dans ce cas une conviction semblable à celle de Louis XIV et dont Saint-Simon parle avec indignation. C'était à l'époque où fut établi l'impôt du dixième, alors que les finances étaient plus embarrassées qu'elles ne l'avaient jamais été et qu'on cherchait partout de nouvelles ressources. Le roi avait d'abord été pris de scrupule en pensant à l'énormité des charges qu'il allait faire supporter à ses sujets, mais il avait été pleinement rassuré par la consultation du père Le Tellier. « Le roi, dit Saint-Simon, mis au large par le père Le Tellier et sa consultation de Sorbonne, ne doute plus que tous les biens de ses sujets ne fussent siens, et que ce qu'il ne prenait pas et qu'il leur laissait, était pure grâce. » Que cette doctrine soit affirmée par un Louis XIV ou par une Assemblée prétendant parler au nom de la nation, qu'elle émane d'un souverain ou de la moitié plus un des représentants du peuple, c'est toujours une doctrine tyrannique. C'est une doctrine destructive de la liberté humaine et de la propriété, car elle refuse de reconnaître à ceux qui ont des biens la liberté de disposer seuls et comme ils l'entendent, de ce qui leur appartient. Il y a donc, vous le voyez, une contradiction manifeste et absolue entre les deux doctrines que je viens de vous exposer. On peut dire que le gouvernement étant un art, ne comporte pas toujours les rigueurs de la science; mais il n'en est pas moins vrai que pour se rendre compte des systèmes financiers, et de l'effet que peuvent produire certaines réformes, on doit remonter aux doctrines auxquelles ces systèmes et ces réformes se rattachent. Il y a beaucoup de mesures qui, appliquées à titre d'exception, ne font aucun mal, et qui, appliquées à

titre de principe et pour réaliser une doctrine, peuvent produire les résultats les plus
àfcheux.

La conséquence immédiate, naturelle, des
principes de l'école socialiste, c'est qu'il y
a dans les ressources de l'humanité, un superflu qui peut être employé à l'impôt;
c'est que le monde vit d'un produit brut, et
qu'il y a en dehors de ce produit brut un
produit net, dont la propriété peut être revendiquée par la société tout entière. Ce
produit net, ce superflu, serait naturellement destiné aux dépenses d'utilité publique; on peut l'employer aux dépenses
de charité comme aux dépenses d'agrément général. Avec une semblable doctrine,
toutes ces diverses natures de dépenses
sont en effet mises sur le même pied et toutes
peuvent être du ressort de l'État. L'État a
dans ses attributions d'employer le superflu

des uns au profit du nécessaire des autres, de consacrer le produit net à combler les insuffisances du produit brut. Il est malheureux, pour les apôtres de cette doctrine, qu'il soit si dificile de déterminer ce qu'on peut entendre par produit brut et par produit net, par le nécessaire et par le superflu—car c'est au moment de faire cette distinction qu'ils font éclater le néant de leur conception.

Qu'est-ce donc, en effet, qu'un produit brut ? Qu'est-ce donc, en effet, pour un citoyen qu'une dépense nécessaire? La dépense nécessaire peut varier suivant les temps, suivant les pays et les peuples. Adam Smith remarque qu'en Écosse, porter des bas n'est pas nécessaire ; que tout le monde va nu-pieds, tandis que dans tel autre pays plus avancé c'est une idée généralement admise, que la dépense des bas et des souliers est une dépense absolument nécessaire ! La question de la dépense nécessaire est une question tout à fait insoluble, et l'arbitraire seul peut déterminer si telle portion du revenu d'un citoyen constitue ou non un superflu qui puisse être abandonné à l'État, et qui doive être abandonné par le contribuable non seulement à son propre profit pour faire face à des dépenses qui lui apporteront une jouissance, mais au profit des autres et sans qu'il en retire rien pour lui-même. Le mal que produit une semblable doctrine, outre que c'est une atteinte à la liberté et une confiscation, au profit de la société, de la fortune des citoyens, c'est de tout confondre et de rendre impossible toute distinction entre les diverses dépenses publiques possibles. Il faut bien, en effet, dans cette hypothèse, faire entrer dans la catégorie des dépenses communes, toutes les dépenses charitables, ce qui supprime une vertu en en faisant une obligation légale. Ce qui distingue l'école individualiste de l'école sociale, c'est qu'elle admet des devoirs moraux dont la sanction ne peut pas se trouver dans les lois positives, et qu'elle croit que la charité, par exemple, cesse d'être la charité quand elle devient obligatoire.

Il se rencontre — cela est certain — dans l'application des lois les plus usuelles, beaucoup de cas d'intervention dont la conséquence est d'attribuer, dans une certaine mesure, une partie de la fortune privée des citoyens à quelques individus dont la situation est malheureuse ; on prélève dans tous les pays, sur les fonds de l'État, des subventions que personne ne conteste, et dont le but est de soulager certaines misères. Il y en a cependant qui sont très discutables, comme, par exemple, les subventions aux sociétés de secours mutuels. Si on voulait définir la subvention de l'État à une société de secours mutuels, ne pourrait-on pas dire que c'est une manière de faire de tous les citoyens des membres honoraires obligatoires de ces sortes de sociétés? Le membre honoraire d'une société de secours mutuels verse une cotisation, mais ne prélève rien pour lui-même sur les secours que la société distribue entre ses membres participants. Le contribuable, dans le cas d'une subvention, verse une cotisation et ne reçoit pas de secours. Il y a beaucoup d'autres dépenses du même genre ; il y a nombre de lois, dites *lois d'assistance, lois des pauvres,* qui dérivent évidemment de cette doctrine sociale dont je vous ai parlé tout à l'heure. Ce sont des dérivations quelquefois nécessaires,' qu'autorise et peut excuser l'art de gouverner. On dit quelquefois de

ces sortes de dépenses qu'elles se justi-
fient même au point de vue de l'école économique, parce qu'elles ont un caractère
préventif, et que si on n'acceptait pas de les
subir, on serait obligé de faire bien d'autres
dépenses pour réprimer les actes de violence
auxquels la misère peut entraîner des malheureux. Le raisonnement manque de jus-
tesse. Il vaut mieux dire que le gouvernement est un art et non pas une science, et
qu'on doit subir quelquefois, pour maintenir le gouvernement, et éviter l'anarchie,
certaines atteintes aux principes. Ce qui est
important, c'est que l'opinion ne s'égare pas
et qu'elle sache bien que s'il y a telles de ces
mesures qu'on peut accepter comme nécessaires, on ne doit jamais y avoir recours
que s'il est impossible de les éviter.

On peut lire dans les papiers parlemen-
taires anglais une déposition, restée très cé-

lèbre, du grand économiste Stuart Mill, faite
à l'enquête de 1861 sur la réforme de l'*income-tax*. M. Robert Lowe, esprit très distingué et très fin, posait des questions à Stuart Mill et conduisait évidemment l'interrogatoire de façon à l'embarrasser. « Que pensez-vous, lui disait-il, de la modification que vous proposez à la loi au point de vue politique? » Ce à quoi Stuart Mill répondait : « Ce n'est pas à moi qu'il appartient de considérer les difficultés politiques ; je présume que vous voulez parler de la difficulté de faire passer la mesure dans le parlement. »

— « Je veux parler, répliquait Robert Lowe, non seulement de la difficulté dans le parlement, mais de la difficulté qu'il y a de rendre la mesure acceptable au pays, ce qui ne dépendra pas, bien entendu, nous le savons tous, du degré d'exactitude scientifique qu'elle renfermera, mais du sentiment qu'aura le public de son effet relatif. »

Stuart Mill ne voulait,pas d'ailleurs entrer dans les détails administratifs plus que dans les considérations politiques. « Je serais heureux, disait-il, dans une autre déposition, de faire cette réforme, mais quant à la possibilité de la faire ou de ne la pas faire, je m'en rapporte à ceux qui peuvent être meilleurs juges que moi. »

Et Robert Lowe ajoutait pour conclure : « Vous avez déclaré que vous ne vous arrêtiez pas dans l'étude de la reconstitution de l'income-tax, à cette classe de difficultés qu'on peut appeler *administratives,* parce que vous traitez la question à un point de vue abstrait et scientifique. »

Stuart Mill ne voulait pas s'engager, et il avait raison ; il avait fait une distinction très nécessaire entre l'art et la science, entre l'art du gouvernement et la science économique ou financière.

Il serait évidemment excessif de vouloir restreindre les attributions financières de l'État à une nature et à une quotité de dépenses absolument déterminées. Il n'y a pas un économiste qui puisse définir avec certitude la limite des attributions de l'État et, par conséquent, déterminer les cas où la dépense publique cesse d'être légitime. Il est, en conséquence, impossible de dire quel est le degré de justice que renferme tel ou tel impôt destiné à pourvoir à telle ou telle dépense ; mais où l'accord est fait, où tous les économistes, convaincus de la vérité du principe individualiste et social dont je vous ai parlé, se réunissent dans une même pensée, c'est dans le respect des deux grands ressorts de la Société. On peut, en pratiquant l'art de gouverner, aller plus ou moins loin dans l'exercice des droits de l'État et dans l'emploi des ressources de l'impôt à des dépenses plus ou moins nécessaires, à la condition de ne pas mettre en danger les deux grands ressorts de la société humaine : l'énergie individuelle et la responsabilité personnelle.

Si, tout en prenant des mesures plus ou moins discutables, le gouvernement n'affaiblit cependant pas l'énergie individuelle, ou s'il n'y porte atteinte que dans une proportion qui laisse encore à cette énergie une action suffisante ; s'il ne détruit pas la responsabilité personnelle, ou s'il peut établir qu'il l'a suffisamment préservée ; l'économiste, le savant, le doctrinaire financier peuvent laisser à ceux qui ont fait leur étude de l'art de gouverner le soin de choisir et de faire les actes qu'ils croient le plus appropriés aux besoins de la nation. Il y a des ménagements qu'on est toujours obligé de garder et qu'on a toutes raisons de garder vis-à-vis les classes nécessiteuses. Ces ménagements, on en a pris quelquefois l'initiative pour sauver les grands principes de la société humaine, l'énergie et la responsabilité personnelles, et d'autres fois pour atténuer l'effet de systèmes financiers antérieurs, dont il fallait corriger l'injustice par des compensations.

Il y a, d'ailleurs, entre les doctrines absolues dont je vous ai entretenus, certaines doctrines intermédiaires qu'il serait imprudent de méconnaître. Les doctrines intermédiaires entre l'école libérale et l'école socialiste, tendent, il faut bien le dire, à l'extension des attributions de l'État, et cherchent des définitions qui reculent la limite de l'action et de la dépense de l'État.

Il y a une de ces doctrines qui a beaucoup d'éclat à cause de la personnalité de son auteur, Stuart Mill, dont je vous parlais tout à l'heure. Stuart Mill est un grand penseur ; c'est un des hommes qui ont remué le plus d'idées ; il est individualiste, il défend l'individu contre l'État, pour employer une expression qui est aujourd'hui courante. Ses écrits doivent être médités ; il faut les étudier avec le plus grand soin, parce qu'ils sont le produit d'une réflexion profonde et d'une étude consciencieuse.

Stuart Mill se demande si l'égalité en matière de contribution, c'est-à-dire cette égalité qu'a définie Adam Smith en disant qu'elle consiste dans un sacrifice proportionnel aux revenus annuels, si cette égalité, disons-nous, doit consister dans l'abandon d'une part proportionnelle du revenu, ou si elle ne doit pas plutôt s'entendre d'une égalité de sacrifices, c'est-à-dire d'une égalité dans l'effort. Celui-ci fait un effort plus grand quand il abandonne le vingtième de son revenu, s'il est pauvre, que celui-là quand il abandonne le huitième ou le cinquième de son revenu s'il est riche. Il faut calculer l'égalité d'efforts et fonder un système d'impôts sur cette égalité.

C'est une doctrine très philosophique, mais on n'a jamais trouvé de formule pour l'appliquer. Stuart Mill lui-même a toujours évité d'en produire les règles pratiques et d'en préciser les modes d'exécution. Il croit que la justice est dans l'égalité des efforts; cependant il affirme, ce qui peut paraître une contradiction, que les impôts progressifs, c'est-à-dire les impôts qui demandent une proportion plus forte à ceux qui ont plus de biens qu'à ceux qui en ont moins, doivent être condamnés comme absolument immoraux. Il va même très loin dans l'expression de cette opinion.

« Que pensez-vous de l'impôt progressif ? » lui demandait-on dans l'enquête de 1861, et il répondait : « J'estime qu'un impôt gradué n'est pas autre chose qu'une volerie graduée. »

Sur l'impôt progressif, il a donc une opinion très arrêtée ; défenseur de l'individu, et par conséquent de la propriété, car l'individu et la propriété ne font qu'un, il estime que ce qu'on prend à une personne, en sus de la proportion qu'on prend à toutes les autres, est une volerie, une volerie graduée ! Cependant il ajoute que l'impôt progressif sur les successions est fondé sur la raison. Il condamne dans les termes les plus forts l'impôt progressif sur les revenus ou sur le revenu, et il admet le tarif progressif comme juste et raisonnable, quand il s'agit de l'impôt sur les successions.

Cette opinion découle d'un autre principe :

Stuart Mill n'admet pas d'autre propriété que celle dont on jouit, qu'on possède et qu'on a gagnée, qui fait partie de la propre substance des propriétaires, comme disent les Italiens, mais il professe que le droit d'hériter est une invention de la loi. Il pense que ce qu'on reçoit à titre d'héritage ou de legs, on ne le reçoit que par la tolérance ou l'autorisation de la loi ; c'est la société qui le donne. Si telle est la vérité, la loi peut ne donner ce surplus, ce bénéfice, sur lequel on n'a pas de droit, que dans des proportions qu'elle juge bon de fixer.

Je ne veux pas ici discuter cette opinion, qui est très contraire aux idées de la plupart des économistes et aux miennes, mais enfin on peut la concevoir et s'expliquer pour quelle raison Stuart Mill, après avoir été si énergique quand il qualifie de volerie l'impôt progressif sur le revenu annuel et

qu'il le proscrit, affirme ensuite des doctrines qui paraissent si contradictoires quand
il parle de l'impôt sur les successions.

L'école libérale prend pour base de son
système fiscal l'impôt réel et la proportionnalité au revenu, et se trouve en opposition
avec les écoles sociales qui prennent pour
base le progressif sur le capital et l'imposition personnelle. Stuart Mill n'est pas d'accord, avec les écoles socialistes, car il repousse non seulement le progressif, mais encore les impôts qui frappent les capitaux. Ce
qu'il veut atteindre, c'est le revenu annuel,
sauf une exception qui lui paraît raisonnable : il veut exempter de l'impôt la partie
du revenu que le contribuable doit épargner. Il divise le revenu en deux parties :
la partie qu'on dépense et celle qu'on met
de côté. La partie qu'on dépense doit être
frappée par l'impôt, parce que la dépense

a pour but la jouissance des objets de consommation et que l'impôt est justement l'expression de la diminution de jouissance, qui s'impose à tous les citoyens quand ils chargent l'État d'attributions dont ils se dépouillent eux-mêmes; mais ce qu'on met de côté, ce qui constitue l'épargne, celle du pauvre comme celle du riche, constitue un accroissement de capital, un enrichissement qui profite non seulement à l'individu qui a réalisé l'épargne, mais à la société tout entière. Stuart Mill est donc un adversaire résolu des impôts sur le capital et sur l'épargne, et au lieu d'accorder l'exemption de l'impôt sur le revenu à la portion du revenu réservé à la dépense nécessaire, il aurait voulu en faire profiter seulement la portion épargnée de tous les revenus quels qu'ils soient. On lui a opposé qu'il serait difficile de déterminer à l'avance, dans un rôle de perception, la partie du revenu à exempter comme constituant l'épargne. Il y a des personnes qui épargnent beaucoup et d'autres qui n'épargnent pas du tout. Il y en a même qui dépensent plus que leur revenu ! Il est donc impossible, dans la pratique, au moment de dresser le rôle dont le percepteur poursuivra le recouvrement, de faire une distinction entre la partie du revenu que le contribuable dépensera et celle qu'il épargnera.

Stuart Mill répondait à cette objection que celui qui n'épargne pas a tort, et que l'exemption devrait être accordée à la quotité que chacun doit épargner ; mais quand on le pressait de s'expliquer sur les méthodes à employer pour asseoir l'impôt, il s'échappait en disan que ce n'était pas son affaire ; que c'était aux agents de l'administration à trouver et à faire passer dans la pratique les idées théoriques qu'on leur suggérait. Il avait cependant une idée dont il demandait la réalisation immédiate et pour laquelle il prétendait qu'on pouvait aisément trouver une formule légale. Il pensait que les revenus devaient être envisagés non seulement par rapport à leur quotité, mais aussi par rapport à leur nature, ce qui impliquait dans certains cas une taxe différente pour deux revenus égaux.

Il trouvait qu'il fallait faire une différence entre les revenus précaires, comme ceux qui proviennent de l'exercice d'une profession, et les revenus solides et permanents, comme ceux qui proviennent d'un fonds de terre. Les particuliers qui jouissent de revenus précaires ne doivent pas se conduire comme s'ils possédaient une ressource annuelle permanente; ils doivent reconnaître, et on doit reconnaître avec eux, que la jouissance d'un revenu d'une nature précaire commande une épargne nécessaire destinée à former un capital nouveau en vue des vieux jours ou en vue des enfants, à la condition, bien entendu, que les lois d'héritage permissent de disposer de son bien au profit de ses enfants.

Il demandait donc qu'on imposât une taxe plus forte sur un revenu permanent que sur un revenu qui peut s'évanouir; il pensait d'ailleurs qu'en établissant une différence de ce genre dans le taux de l'impôt, on ne sacrifiait en rien au système progressif et qu'on faisait au contraire une opération dont la conséquence était de distribuer l'impôt suivant les règles d'une véritable proportionnalité.

Il y a, dans les doctrines que j'ai appelées *intermédiaires,* des conceptions très acceptables pour l'école libérale; il y en a d'autres il est vrai, par contre, qui le sont par les écoles socialistes ; cependant la doctrine intermédiaire de Stuart Mill appartient, avant tout, à l'école individualiste, et ce serait porter sur l'œuvre du maître un jugement excessif que de la classer parmi les productions de l'école socialiste.

La progression dans l'impôt, c'est réellement le moyen par lequel on peut retirer, aux personnes les plus favorisées de la fortune, une partie de leur bien pour l'employer au profit des autres, c'est-à-dire au profit de ceux qui ne fournissent pas l'argent de l'impôt. La progression, vous savez en quoi elle consiste; la proportion n'a pas besoin d'être définie ; c'est la règle de trois. On ne peut pas dire dans une loi qu'on se servira, pour asseoir les taxes, d'une seconde règle de trois qui serait différente de la règle de trois que tout le monde connaît. Quand on dit d'un impôt qu'il sera perçu proportionnellement, on se fait comprendre de tout le monde ; il est absolument impossible de mettre de l'arbitraire dans un tarif proportionnel ; j'ai deux fois plus de revenu, je présente à l'agent chargé de l'assiette deux fois plus de matière imposable ; je payerai deux fois plus d'impôts que celui dont la matière imposable est deux fois moindre. Trois fois plus riche, je payerai trois fois plus d'impôts.

Mais quand il s'agit de progression, c'est bien différent ; car il y a autant de progressions qu'on veut.

Qu'est-ce, en effet, que la progression ? On peut écrire des nombres sur deux colonnes : dans la première, on placera une suite de nombres qui représenteront des revenus, et, dans l'autre, une suite de nombres qui représenteront la part de ces revenus à prélever au profit de l'État ; on fera payer à celui qui a 5 000 francs de revenu, 5 0/0 ; à celui qui a de 5 à 10 000 francs de revenu, 6 0/0 ; le contribuable qui sera placé dans la catégorie suivante, payera 7 0/0, etc. ; et en se reportant au tableau, on lira, d'un côté, une suite de nombres représentant des revenus croissant régulièrement, et, de l'autre côté, une suite de nombres représentant des impositions qui croîtront, au contraire, irrégulièrement. Tantôt l'augmentation sera de 1 pour 100 chaque fois qu'on passera d'une classe de revenu à une autre ; tantôt l'accroissement sera déterminé par un nombre qui ne sera pas l'unité. La suite des nombres formera une échelle. Comment choisir les nombres qui formeront les échelons pour qu'ils ne soient pas arbitraires ? Je pense que tout le monde est d'accord sur la nécessité d'exclure l'arbitraire *ad hominem*, c'est-à-dire une détermination spéciale de la portion qu'il faut prélever du revenu de chaque citoyen nommément désigné. Nul ne peut songer à établir un rôle qui porterait le nom d'un contribuable et, en regard de ce nom, une somme formant une part quelconque du revenu de ce contribuable que la loi aurait trouvé bon d'attribuer à l'État; ce serait un arbitraire absolu. On repousse ce genre d'arbitraire, et on a raison, mais il n'est pas facile, quand on veut appliquer le système progressif, de remplacer l'arbitraire par une disposition générale de la loi. Peut-on dire qu'il y ait des progressions naturelles ? Il y a certainement des suites de nombre qu'on peut appeler naturelles, qui ont été étudiées par les savants depuis la plus haute antiquité; il y en a beaucoup, et Diophante doit la grandeur de son nom aux travaux qu'il a faits sur les suites de nombre et sur la théorie des nombres. Il y a des nombres carrés; vous savez que le carré de 1 est 1, que celui de 2 est 4, que celui de 3 est 9, que celui de 4 est 16, que celui de 5 est 25 ; et, si on dispose en colonne les nombres qui expriment ces carrés, on obtient la suite remarquable de 4, 9, 16, 25. Les différences qui séparent chacun des nombres carrés forment elles-mêmes une suite particulière de nombres. Entre le premier et le second carré il y a une différence de 5, entre le second et le troisième de 7 ; entre le troisième et le quatrième de 9 ; entre le quatrième et le cinquième de 11 et ainsi de suite. Voilà une progression qui se présente avec une certaine simplicité. La suite des impairs y joue un grand rôle.

Mais il y a beaucoup d'autres suites de nombres qu'on pourrait trouver naturelles ; les anciens les appelaient triangulaires, pyramidales, triangulo-triangulaires, etc.

La progression est donc naturellement arbitraire, et c'est pourquoi ceux qui en sont partisans sont réduits à dire qu'ils se contenteront d'une progression *modérée*. Le mot de « progression modérée » n'est certainement pas une expression législative, et je ne vois pas comment on pourrait assurer la justice en employant, dans des lois, des expressions qui présentent une idée aussi vague. Une imposition progressive, une progression modérée, ce n'est, en réalité, pas autre chose que de l'arbitraire. On peut vivre sous un gouvernement modéré, sous un gouvernement qui le serait moins, sous un gouvernement qui ne le serait pas et sous un gouvernement qui serait le contraire d'un gouvernement modéré !

L'expérience a prouvé que les impôts progressifs ont les plus graves inconvénients. Quand ils sont élevés, ils sont destructifs du capital, et quand ils sont modérés, ils ne produisent rien. Qu'on se reporte à des époques anciennes ou à des époques modernes, on voit toujours les tarifs progressifs produire les mêmes conséquences. Il y avait au moyen âge, à Florence, des impôts à échelles, c'est-à-dire des impôts progressifs. Un des rôles de recouvrement du quinzième siècle conservé dans les archives de Florence comportait 10 600 contribuables; ces 10 600 contribuables devaient fournir entre eux 34 770 florins. Par une échelle de progression, on a recouvré 15 000 florins en sus sur les contribuables dont le revenu dépassait 50 ou 60 florins. L'échelle n'a été applicable qu'à 1 859 contribuables sur les 10 600. La progression a donc imposé un sacrifice supplémentaire de 15 000 florins à 1 859 personnes seulement; chacune d'elles a payé un quart de cote, ou une demi-cote ou trois quarts de cote, ou une cote entière en sus de sa part proportionnelle. La partie de l'impôt progressif qui dépassait la part proportionnelle devenait en réalité un impôt particulier qui pesait sur quelques individus. Dans la dîme à échelle de Florence dont j'ai les détails sous les yeux, il y avait 14971 florins à recouvrer par l'échelle supplémentaire, et sur cette somme, 8 500 florins, c'est-à-dire plus de la moitié du produit de l'échelle, devait être payé par 119 contribuables. Il était donc vrai de dire que la république avait établi, sur 119 personnes, un impôt spécial de 8 500 florins. Les impôts imaginés à Florence par les Médicis étaient perçus sur des rôles anciens qu'on remettait simplement en recouvrement une seconde fois ou qui, après avoir servi au recouvrement de certains impôts ordinaires, servaient une seconde fois avec adjonction d'une échelle ;

échelle dont l'application portait, comme je
viens de vous le faire voir, sur quelques citoyens et non pas sur tous. J'aurai à vous
parler plus longuement, un autre jour, de ces
procédés italiens, mais, puisque je traite de
l'impôt progressif, j'entrerai pourtant dans
quelques détails sur les méthodes italiennes
du moyen âge. Les dîmes qui ont été établies
à Florence sur la propriété immobilière par
les Médicis, étaient recouvrées sur des rôles
comme le sont, dans notre pays, les impôts
directs ; ce qu'on appelait l'*estimo*, le *catasto*
ou la *dîme* du contribuable, prenait, dans
l'organisation florentine, la place de ce que
nous appelons chez nous le *revenu cadastral*.
Mais au lieu d'être simplement comme dans
le système français une base servant à calculer l'impôt et à établir la cote, c'était une
cote toute faite, une cote normale portée en
prévision au compte de chacun pour le jour

où il deviendrait nécessaire de faire appel à l'impôt. A ces rôles normaux, on ajoutait, par des échelles, quelque chose comme des centimes, dont le nombre variait selon l'importance de la cote normale. On décidait, par exemple, le jour où on prescrivait la levée d'un impôt, que la dîme serait à échelle ; d'autres fois on modifiait la distribution de l'impôt sans rien changer au montant de la cote normale ni abandonner le système de l'échelle, mais en modifiant l'échelle de la progression. Tantôt on considérait les riches comme n'ayant pas été assez frappés par l'échelle progressive, c'est-à-dire par l'impôt supplémentaire et on se décidait à serrer la vis. Tantôt on trouvait, au contraire, qu'on avait été trop loin et qu'on pouvait nuire aux affaires en accablant les riches. On imposait alors selon les cas des dîmes à demi ou à double échelle. La demi-échelle consistait dans une moitié de cote supplémentaire ou dans une moitié de trois quarts de cote supplémentaire, et on ajoutait cette demi-échelle à la dîme qui s'appelait en conséquence la *dîme à demi-échelle*. On imposait d'autres fois des demi-dîmes à échelle; ce qui n'était pas du tout la même chose que des dîmes à demi-échelle ! Dans le cas de la demi-dîme à échelle, l'échelle normale non diminuée s'ajoutait à un demi-impôt, ce qui faisait payer au contribuable la totalité du supplément par demi-cote. Ce serait comme si, au lieu d'ajouter 10 centimes au principal de notre impôt foncier, on ajoutait 10 centimes à un demi-principal, ce qui serait identique à l'addition de 20 centimes au principal. La république florentine avait à sa disposition une série de méthodes très ingénieuses. Je ne crois pas qu'il y ait eu de peuple qui ait mis plus de subtilité que les

Florentins dans la conception de leurs systèmes fiscaux. En recourant tantôt à un système, tantôt à un autre, en faisant jouer les échelles de progression au gré des factions maîtresses du pouvoir, on finissait par atteindre nominativement les contribuables qu'on voulait surcharger. C'était un procédé éminemment contraire à cette doctrine de l'égalité devant l'impôt qui est la doctrine fondamentale de l'Ecole libérale.

Mais ce n'est pas seulement à Florence et au moyen âge, c'est de notre temps, dans les pays qui ont accepté les impôts sur le revenu, qu'il se pratique des progressions de caractère et d'étendue très différentes. Exempter les petits revenus, par exemple, constitue un mode de progression ; il peut même se faire que l'exemption de certains revenus soit étendue au point d'agir comme le ferait une progression sérieuse au détriment des contribuables à gros revenu.

En faisant une liste d'exemptés, on constitue, en effet, avec les autres une catégorie très restreinte de contribuables surchargés par un impôt spécial.

En Angleterre, il n'y a qu'un seizième du nombre des propriétaires qui soit soumis à la cédule de l'*income-tax* sur la propriété parce que la petite propriété est exemptée, et M. Minghetti, dans un article remarquable publié en novembre 1885, par la nouvelle Anthologie, M. Minghetti évalue à 3000 le nombre des contribuables de l'impôt sur la richesse mobilière dont le revenu dépasse 3000 livres. Quand on exempte les petits revenus de l'impôt, il ne reste plus que très peu de citoyens sur la liste des imposés.

Dans le tableau statistique publié en 1877 en Angleterre sur l'impôt sur le revenu, on constate que sur les 400 000 contribuables de la cédule D, c'est-à-dire les industriels et commerçants, il y en a 340 000 qui ont moins de 15 000 francs de bénéfice et 39 000 seulement qui ont plus. Si on exemptait les bénéfices de moins de 15 000 francs, il n'y aurait plus que 39 000 contribuables sur les rôles.

L'exemption des petits revenus est cependant le mode le plus modéré de la progression ; seulement, les exemptions restreintes qui sont un mode progressif modéré de même que les échelles de progression modérées, rendent l'impôt tout à fait improductif. Pour obtenir des ressources, il faut se départir de la modération, et recourir à des échelles sérieuses ; mais quand on s'y résout, on dépouille de son capital celui qui a fait l'effort de l'accumuler. Le contribuable qui a fait cette accumulation l'a faite certainement à son profit, mais ce n'en est pas moins une augmentation de richesse nationale qui assure le développement de l'industrie et du commerce dans le pays où elle s'est produite, et qui mérite d'être considérée avec faveur.

Un publiciste qui appartient à l'école socialiste, qui en a même été un des maîtres, Proud'hon, s'est pourtant exprimé avec une énergie extrême contre le système de l'impôt progressif. On dit généralement qu'il ne faut pas se servir des théories de Proudhon, ni produire ses opinions, parce qu'on trouve dans ses œuvres des passages à l'appui des opinions les plus contradictoires. Le pour et le contre y sont mis en lumière avec les arguments les plus forts. Je ne vois pas pourquoi on ne se servirait pas des arguments sérieux fournis par un publiciste, sous prétexte que ce publiciste ingénieux a pu fournir à la discussion des arguments dans un autre sens. D'ailleurs, en ce qui regarde l'impôt progressif, je ne crois pas que Proudhon ait varié.

Voici ce que je lis dans son livre sur l'impôt :

« Ainsi, l'impôt progressif se résout, quoi qu'on fasse, en une défense de produire, en une confiscation, à moins que ce ne soit pour le peuple une mystification. Ce serait l'arbitraire sans limite et sans frein donné au pouvoir, sur tout ce que le droit moderne a affranchi des atteintes du pouvoir, la liberté, le travail, l'industrie, l'invention, l'échange, la propriété, le crédit, l'épargne, si ce n'était la plus folle et la plus indigne des jongleries. »

Cette opinion de Proudhon, qui n'a pas fait école dans le parti socialiste, me paraît fondée sur la raison même. Il est impossible de prélever, sur les revenus des citoyens qui s'enrichissent, la portion qui constitue l'accroissement annuel des capitaux pour les employer au profit de ceux qui sont dans une situation moins fortunée, sans courir le risque d'enlever à l'industrie et au commerce l'aliment qui leur est nécessaire. Les nations ont besoin de croître en richesse, et on ne peut pas espérer, sans cet accroissement, qu'elles conservent leur rang et leur puissance dans le monde. Une nation qui ne s'enrichit pas, est une nation en décadence, et la décadence de la nation entraîne forcément la décadence de ses nationaux. Si l'impôt progressif a pour résultat de faire, comme j'en suis convaincu, obstacle à l'accroissement des capitaux dans le pays, il entrave le développement politique, industriel et moral de l'être collectif qui est l'État en même temps que des individus dont l'État se compose. Si on exclut d'une part l'impôt progressif modéré, parce que c'est une jonglerie ; si on condamne ce que Proudhon, dans un autre passage de son livre sur l'impôt, appelle le bilboquet de la progression ; si on exclut d'autre part la progression sérieuse et productive, parce qu'elle détruit le capital, et par conséquent la puissance de la nation, il faut se demander ce qui peut rester de bon du système des progressions, et quels sont les tarifs progressifs qui ont pu, néanmoins, être acceptés dans certaines législations, et qu'il est permis d'étudier comme des faits dignes de considération.

Il y a d'abord l'exemption dont j'ai déjà parlé, l'exemption des bas revenus, qui est une manière de progression ; dans ce système on ne fait pas payer l'impôt du tout aux petits revenus et on fait, par contre, payer aux autres un impôt plus élevé. Pour réaliser le même produit, il faut bien que la part de ceux qui payent soit plus lourde que n'aurait été la part proportionnelle qu'on aurait imposée à tout le monde.

L'exemption se justifie dans l'assiette de l'impôt sur le revenu dans les pays où il existe une législation financière défavorable aux petits revenus. C'est le cas lorsque les impôts indirects pèsent sur les objets de première nécessité. Les impôts grèvent alors les classes moins aisées plus lourdement que les classes plus fortunées. Dans les temps de diminution de travail ou de chômage, l'ouvrier, qui ne cesse pas de payer les impôts de consommation, ne peut plus se faire rembourser les frais supplémentaires dont ces impôts chargent sa vie. Il ne peut plus les porter, comme dit Franklin, sur sa facture, c'est-à-dire les faire entrer dans le prix de son salaire, et accroître ainsi comme le veut la loi naturelle, les frais de production des

objets à la fabrication desquels il a con-
couru. On conçoit alors qu'il soit juste
d'établir, par l'exemption d'un autre impôt,
une compensation à la charge qui pèse sur son
petit revenu. L'exemption s'explique non
pas par la théorie qui veut soustraire un certain nombre de citoyens au devoir de contribuer aux dépenses publiques, mais par
la nécessité de compenser au moyen d'impôts
sur les uns les impôts qui pèsent trop lourdement sur les autres. Il y a encore un
exemple de tarif progressif que nous con-
naissons tous, c'est le tarif progressif de la
contribution mobilière française. Dans la
plupart des grandes villes où il y a un octroi,
l'impôt mobilier se perçoit d'après un tarif progressif, mais c'est encore un mode de
compensation; l'impôt qui doit peser sur
chacun est un impôt proportionnel à la
valeur des loyers. Faut-il le faire payer

en plein par tout le monde? ne faut-il pas, au contraire, le modérer ou même le faire disparaître au profit de citoyens qui, en payant des droits d'octroi élevés sur leurs consommations à l'entrée de la ville, se trouvent en réalité surchargés, et auraient le droit de dire qu'ils supportent plus que leur part proportionnelle dans l'ensemble des impôts? On pourrait, il est vrai, abolir les droits d'octroi mal répartis, mais ce n'est pas toujours aisé; aussi prend-on le parti de les maintenir et de prélever sur le produit qu'on en tire, de quoi payer une partie de l'impôt qui, sans cela, serait payé proportionnellement par tous les contribuables. Aux uns, on consent un rabais d'un dixième, aux autres d'un cinquième, d'un tiers, enfin on descend jusqu'à l'exemption totale, et ces modérations ou ces exemptions se réalisent par l'application d'un tarif de décroissance qui a la forme d'une échelle progressive en sens invers. La différence est prise sur le produit de l'octroi.

En Angleterre, où il n'existe pas de droits d'octroi, on fait la compensation par le jeu combiné d'impôts différents. Les petits contribuables payent d'un côté les impôts indirects et se retrouvent en payant un moindre impôt sur leur revenu. A Paris et dans les grandes villes de France, la compensation est matérielle ; le prélèvement sur l'octroi est effectif ; on prend réellement sur les recettes municipales une somme d'argent qui est matériellement versée dans la caisse de l'État pour tenir lieu de la portion de l'impôt mobilier qui n'a pas été perçue sur un certain nombre de contribuables. Ce qu'il faut bien remarquer, c'est qu'un tarif progressif de ce genre ne procède pas du tout de l'idée doctrinale de l'impôt progressif tel que le comprend l'école socialiste ; c'est tout le contraire, c'est un moyen de rétablir la proportionnalité dans l'impôt au lieu de la faire disparaître.

Il y a eu encore un exemple de tarif progressif dans un impôt qui a existé en France et d'où notre impôt personnel et mobilier tire son origine : je veux parler de l'impôt sur les loyers, tel que l'avait conçu l'Assemblée nationale. Lorsque l'impôt sur les loyers a été établi par la loi du 18 février 1791, on a décidé de le percevoir au moyen d'un tarif progressif. Mais on voulait que l'impôt fût progressif sur les loyers pour être proportionnel sur les revenus. On avait fait une table de comparaison entre les revenus et le prix des loyers des contribuables. On supposait que les uns employaient le onzième de leur revenu à leur loyer, d'autres plus, d'autres moins. Ceux qui avaient de 9 000 à

11.

10 000 francs de revenu devaient y employer, supposait-on, le dixième et demi de leur revenu ; ceux qui avaient 7 000, 8 000 ou 5 000 francs de revenu, le huitième et demi ou le neuvième ; ceux qui avaient moins de 5 000 francs, le huitième ; ceux qui avaient de 500 à 1 000 francs, le quart. On était parti de cette supposition que les loyers n'étaient pas proportionnels au revenu, et pour rétablir la proportionnalité on se servait de la progression.

Malheureusement, tous les tarifs progressifs sont arbitraires, et l'arbitraire n'en subsiste pas moins quand les tarifs progressifs sont établis pour rétablir la proportionnalité. Dans ce cas, ils ne se heurtent pas au principe de la proportionnalité, mais à cet autre principe qu'il ne doit pas y avoir d'arbitraire dans la perception de l'impôt. L'Assemblée constituante avait fait un tableau du rapport normal qui devait exister entre le revenu des citoyens et le taux de leur loyer. Les hommes qui avaient imaginé ce tableau étaient très laborieux et très convaincus, et ils avaient fait avant d'arrêter leurs chiffres des recherches considérables. Ils avaient cru, leurs recherches le disaient, que les citoyens possédant de 4 000 à 5 000 francs de revenu mettaient le huitième de leur revenu dans leur loyer, ce qui pouvait être vrai à Lille, à Bordeaux, à Paris, et ce qui ne l'était certainement pas dans les petites villes ni dans la campagne. En tous cas, le tableau qu'ils avaient rédigé était absolument arbitraire. Il faut reconnaître toutefois la très grande différence qui existe entre les tarifs progressifs qui ont pour objet de rétablir la proportionnalité et les impôts progressifs qui ont pour objet de prélever, au profit de l'État, une partie de la fortune des plus riches

pour améliorer la situation des moins riches. Il y a un abîme entre l'impôt progressif doctrinal et les tarifs progressifs fondés sur une idée de proportionnalité. Ce
qu'il faut combattre avant tout, ce sont les
impôts prélevés par la progression comme
impôts supplémentaires sur un petit nombre
de citoyens et destinés à pourvoir à des dépenses profitables à d'autres citoyens. Il y a,
entre ces deux manières d'entendre le progressif, une différence doctrinale sur laquelle
j'appelle toute votre attention.

L'impôt sur le capital est un des impôts
qui découlent naturellement de la doctrine
sociale ; et l'impôt sur le revenu pour les
partisans de cette doctrine, n'est, en général,
qu'un mode pour arriver à l'imposition du
capital. Si on considère la situation d'un
particulier et si on remonte, par une capitalisation de son revenu à sa fortune, on peut

déterminer sa valeur. Aux États-Unis, on dit des gens qu'on rencontre : Ce personnage-ci vaut 100 000 dollars, cet autre-là, 50 000 dollars ; c'est une locution qui fait bien comprendre le fonctionnement d'un système d'impôts où le compte de chacun s'établirait par une sorte de réduction à un dénominateur commun, en additionnant la valeur de toutes les sources de produit qui le font vivre. On ferait la revue de ses revenus ; les uns, on les évaluerait sur le pied de 10 pour 100, les autres, sur le pied de 7 ou de 5 pour 100, suivant que les valeurs de son portefeuille vaudraient un prix ou un autre, selon que les sources de son revenu seraient précaires, temporaires ou permanentes ; pour 3000 francs de revenu dans telles valeurs, on porterait à son crédit 60 000 francs ; pour 2 000 francs de traitement qui pourraient échapper, par une épuration, on porterait à son crédit 8000 ou 10000 francs. Le total constituerait un capital qui représenterait la valeur du personnage. De ce capital, on pourrait déduire ce qu'on peut appeler la valeur de la vie courante, c'est la substance de la vie, et le surplus formerait une surabondance sur laquelle on pourrait prélever les dépenses publiques. Dans une semblable hypothèse, et je vous ferai voir que ce n'est pas une vaine hypothèse, l'impôt sur le revenu n'est qu'un mot. Par le revenu, on arrive à l'évaluation du capital, et sous le nom d'impôt sur le revenu, on impose véritablement le capital.

Je vous prie de bien retenir cette conclusion : il y a des impôts sur le revenu qui ont été recommandés par l'école économique et des impôts sur le revenu qui ont été recommandés par l'école socialiste, et ces impôts, quoique portant le même nom, ont une signification absolument contraire. Quand l'impôt auquel on donne le nom d'impôt sur le revenu est un impôt sur le capital, il faut l'écarter. Quand, au contraire, l'impôt auquel on donne le nom d'impôt sur le revenu est un impôt dont l'objet est de prélever pour en faire la dotation des dépenses publiques, une part des recettes et par conséquent des dépenses de chacun ; il peut être accepté. Il faut, bien entendu, n'employer pour le percevoir que des moyens où l'arbitraire n'ait pas de place. Mais cet impôt-là, c'est celui de l'école libérale. Ce qu'il ne faut jamais oublier, c'est que le nom d'impôt sur le revenu s'applique aujourd'hui à des impôts qui non seulement diffèrent les uns des autres, mais qui sont absolument contradictoires.

L'école libérale demande que non seulement l'impôt soit réel, mais encore qu'il frappe le revenu; l'école socialiste demande que l'impôt frappe non pas le revenu, mais le capital, et elle le veut personnel pour faire un choix parmi les contribuables et attacher à tel ou tel d'entre eux cette échelle tout entière ou cette demi-échelle dont je vous ai parlé plus haut, qui permettait de leur enlever telle ou telle portion de leur fortune afin d'en faire profiter d'autres citoyens. La nécessité où se trouve l'école socialiste de rendre les impôts personnels se résout nécessairement dans l'arbitraire. La démocratie a pu venir à bout de l'arbitraire avec l'aide de ceux qui forment aujourd'hui l'école libérale et économique, qui ne portaient alors ni le nom de libéraux ni celui d'économistes, mais qui avaient entrevu les vérités qui sont devenues les maximes fondamentales de l'école libérale et économique, le jour où l'économie politique a pris rang parmi les sciences. Quand la démocratie s'est donnée aux écoles sociales, quand après avoir souffert elle-même de l'arbitraire elle a consenti à remettre aux mains de ceux qui la représentaient les instruments de l'arbitraire, elle a toujours eu à s'en repentir ; l'histoire ne me démentira pas.

J'aurai l'occasion, quand je vous parlerai des Médicis, de vous rappeler comment ils sont arrivés au pouvoir, portés par le parti populaire ; comment, après avoir soustrait le parti populaire à l'arbitraire de ceux qui l'opprimaient, ils ont emprunté aux oppresseurs leurs propres armes et se sont servis de l'arbitraire contre les adversaires du parti populaire. Le parti populaire a été satisfait ; ses sentiments ont été flattés ; il a cru bon de prendre sa revanche contre ceux qui l'avaient si longtemps fait souffrir ; il a trouvé tout naturel qu'on exerçât l'arbitraire contre ses ennemis ; mais peu à peu l'arbitraire s'est exercé contre lui-même, c'est-à-dire contre tous les partis sans distinction, et la famille des Médicis, leurs amis et leurs créatures sont devenus par les impôts personnels et progressifs maîtres de toutes les fortunes et par suite de tout le monde. Lors de l'expulsion de la première branche des Médicis en 1495, le gonfalonier Ridolfi s'est opposé dans le conseil à ce qu'on établît ou continuât l'impôt progressif, en disant que c'était une imposition injuste (*disonesta*), ce qui peut vouloir dire à la fois excessive et déshonnête. Ce Ridolfi était pourtant, comme le dit Machiavel, un homme sans possessions ; mais cet homme sans possessions appartenait au parti populaire qui venait de renverser les Médicis, et ce qu'il craignait par-dessus tout, c'était l'exercice du pouvoir arbitraire. Il ne voulait pas exercer l'arbitraire contre ses adversaires, parce que l'arbitraire avait été exercé et pouvait l'être encore contre ses amis et contre lui-même. Ce n'a été qu'à l'expiration des pouvoirs de Ridolfi qu'on a rétabli le progressif. Plus tard Soderini, en 1506, a dù lutter dans le grand conseil pour un impôt progressif qui n'était pas en faveur auprès de la majorité, car cette majorité appartenait au parti populaire qui avait souffert de l'arbitraire des Médicis. Il n'a pas pu faire accepter son projet; il est revenu le lendemain devant l'assemblée avec la même proposition, et l'assemblée a voté encore contre; il a demandé un autre tour de scrutin, le résultat a été toujours le même. On a fait cent cinq tours de scrutin! et par tous ces scrutins le parti populaire a refusé à Soderini le rétablissement de l'impôt progressif; Soderini a eu alors recours à une manœuvre parlementaire ; il a voulu enlever leurs droits politiques, pour les exclure de la délibération, à un certain nombre de citoyens en déclarant qu'ils étaient inscrits au *miroir*, c'est-à-dire qu'ils étaient débiteurs de la république, et les débiteurs de la république n'avaient pas le droit de voter. Mais les membres du conseil restés en place après cette récusation ont été si mécontents que le gonfalonier eût osé recourir à une semblable manœuvre, que le cent sixième et dernier tour de scrutin a produit le même résultat : la proposition a été encore repoussée... ce qui ne veut pas dire qu'on ne l'ait pas adoptée un an plus tard, quand elle a été présentée sous une autre forme, car les assemblées sont changeantes.

Mais il faut retenir ceci de l'exemple que je vous ai cité, c'est que, lorsque le parti populaire exerce l'arbitraire parce qu'il lui plaît de se débarrasser de ses ennemis par l'arbitraire, il a tort de se réjouir. L'arbitraire s'exercera un jour contre lui-même. Ce que l'histoire nous apprend, c'est que les véritables amis de la démocratie sont ceux qui ont cherché à l'affranchir de l'arbitraire et qui y ont réussi ; c'est l'école libérale. Si la démocratie se laissait séduire par l'école sociale, l'arbitraire de cette école se retournerait un jour contre elle.

QUATRIÈME CONFÉRENCE

(10 MARS 1886)

Les impôts démocratiques du quatorzième au seizième siècle à Florence. — L'*estimo*. — Le *catasto*. — La dîme et l'impôt progressif.

J'ai terminé dans ma troisième conférence ce que je pourrais appeler mon introduction, et je vais aborder maintenant avec quelques détails l'histoire de plusieurs systèmes financiers.

La première étude pratique que je voudrais faire avec vous est celle du système financier démocratique de la république de Florence aux quatorzième et quinzième siècles. Je n'ai pas, bien entendu, la prétention de faire une histoire financière, encore moins une histoire politique de Florence, malgré les liens étroits qui unissent la finance et la politique. Ces deux histoires, à Florence surtout, se confondent souvent. Pour comprendre ce que j'aurai à vous dire, il faudra vous rappeler les événements politiques si confus, mais si intéressants, qui se sont accomplis au moyen âge. Il vous sera facile d'ailleurs, si vous avez besoin de rappeler vos souvenirs, de vous faire une idée sommaire de la situation politique des différents États de l'Italie en général et de Florence en particulier, en relisant, ou en lisant, si vous ne la connaissez pas encore, la belle et libérale histoire des républiques italiennes de Sismondi.

Nous sommes au quatorzième siècle. La grande lutte des guelfes et des gibelins est terminée, ou plutôt elle a pris d'autres formes. Il n'est plus question de la lutte des blancs et des noirs. L'étranger appelé au secours des factions domine encore, mais pour peu de temps. On est près de voir finir le vicariat des rois angevins de Naples. Gaultier de Brienne, duc d'Athènes, vicaire du duc de Calabre, après avoir gouverné fort despotiquement Florence et l'avoir dépouillée, va disparaître. La démocratie est triomphante. Les grands sont abattus ; ils n'ont plus la direction des affaires de la république, ils sont exclus des honneurs et des fonctions. Les factions ne sont pourtant pas détruites, et il s'élève des troubles par les querelles toujours vivaces des riches familles plébéiennes, des chefs de la grande industrie et du grand commerce. La guerre éclate entre les plébéiens riches et les plébéiens pauvres, entre les *popolani grassi* et les *popolani magri*, les plébéiens gras et les plébéiens maigres. La grande industrie était divisée en un certain nombre d'*arts majeurs*, les autres industries inférieures étaient distribuées en un certain nombre d'*arts mineurs*. Les arts étaient ce que nous appellerions aujourd'hui des corporations et les chefs de ces corporations constituaient en réalité le gouvernement. En dehors et au-dessous de ces corporations s'agitait une masse confuse de peuple qui n'était classé ni dans les arts majeurs ni dans les arts mineurs ; c'étaient des artisans, de petits marchands, des ouvriers ; de temps en temps ils se formaient eux-mêmes en arts, constituaient de nouvelles corporations et demandaient à prendre leur part dans les affaires publiques. Il y avait enfin, encore plus bas, de simples manœuvres qui n'arrivaient jamais à se constituer en corporations ; c'était le menu peuple et ce menu peuple se révoltait de temps à autre pour prendre d'assaut le pouvoir. La révolte de

1378, qu'on a appelé le *tumulte des Ciompi*, a laissé dans les souvenirs des historiens du quatorzième siècle une trace très profonde. Le gouvernement était d'ailleurs fort instable ; les magistratures ne duraient que deux mois, et ceux qui les exerçaient, au lieu d'être élus, étaient tirés au sort ; les noms des citoyens aptes à remplir les fonctions publiques étaient placés dans des bourses d'où ils étaient extraits par-devant notaires.

Les intrigues politiques ne s'exerçaient pas par la brigue, comme dans la république romaine ; mais on cherchait à s'emparer des bourses pour y introduire le nom de ses amis et en exclure le nom de ses ennemis. Le moyen qu'on employait pour exclure les noms de ses adversaires des bourses, était la privation des droits politiques, privation qui résultait de ce qu'on était déclaré suspect, ou la récusation, sous prétexte qu'il y avait déjà parmi les magistrats en fonctions des citoyens appartenant à la famille de celui qu'on voulait exclure.

Le système financier était assez compliqué. Il comprenait des impôts directs et des impôts indirects. Les impôts indirects se composaient d'octrois, de gabelles, de droits de succession, de droits d'enregistrement. Il y avait entre autres une gabelle sur le sel, qui était perçue par l'exercice d'un monopole ; les familles étaient obligées d'acheter le sel à un prix fixé et à en acheter une quantité déterminée. On forçait ainsi les citoyens à s'approvisionner en sel de tout ce qu'on supposait nécessaire à leurs besoins, afin d'être sûr qu'ils ne s'adressassent point à la fraude.

Les gabelles ne paraissent pas avoir donné lieu à des discussions du même genre que celles qu'elles ont suscitées dans les démocraties modernes ; elles étaient assez bien supportées, soit qu'on trouvât commode de les acquitter en achetant ce dont on avait besoin, soit qu'elles fussent soumises à moins d'arbitraire que les autres impôts. Il se pourrait aussi que le menu peuple dont j'ai parlé tout à l'heure, n'étant pas constitué en corporations, n'ayant aucune action sur le gouvernement, n'ait eu aucun moyen de faire entendre sa voix pour se plaindre des impôts indirects qui pouvaient renchérir le prix de sa vie.

Ce qu'il y a de particulier dans le système financier de Florence, ce sont les impôts directs. Pour faire leur histoire, il faut les diviser en trois catégories qui correspondent à trois époques ; le premier des impôts directs est l'*estimo*, qui a duré jusqu'en 1427, le second est le *catasto*, origine et étymologie de notre cadastre, et enfin le troisième est la dîme à échelle progressive ou l'impôt progressif, imaginé en dernier lieu par les Médicis et qui est resté en vigueur jusqu'au commencement du seizième siècle.

L'estimo était un impôt analogue à notre impôt foncier, quoiqu'il s'appliquât tout à la fois aux biens meubles et aux biens immeubles ; il était assis sur les biens après une suite d'estimations. Quand on avait fait le relevé du produit des biens, on transformait ce produit en capital au moyen d'une capitalisation au taux de 5, de 6 ou de 7 pour 100.

Les commissaires chargés de faire d'abord l'estimation du produit des immeubles recherchaient très minutieusement quelle était la nature des fruits de la terre; ils en relevaient la quantité et convertissaient les quantités en argent, conformément à des tarifs très détaillés. La règle à suivre dans l'estimation était celle de la plus basse valeur.

On a conservé un tarif de 1327 dans lequel on évaluait la mesure de blé à 10 livres, les autres graines à 5 livres, le vin rouge à 5 livres le fût quand il était récolté dans un rayon de 7 milles de Florence, et à 4 livres quand il était récolté au-delà de 7 milles; l'huile était tarifée à $2^l,10$ la jarre. Ces évaluations étaient la règle de ceux qui étaient chargés d'asseoir l'*estimo*. Un autre tarif d'évaluation bien plus complet a été retrouvé dans les archives; la date en est plus récente, car il était encore en vigueur en 1427. Il servait comme l'autre de règle aux agents du fisc pour évaluer en argent les produits de la culture; en voici un extrait :

Fèves, orge, vesce, millet et panic,
le staio.......................... 8 sous.
Epeautre, sarrasin, lupin........... 5 —
Figues sèches...................... 20 —
Pois.............................. 40 —
Légumes........................... 20 —
Chapon, la pièce................... 1 livre.
Oie grasse, la pièce............... 1 —
Poulets, la paire.................. 10 sous.
Pigeons, la paire.................. 4 —

Puis venaient les œufs, le safran, les marrons, les châtaignes, les amandes, les noisettes, les noix, l'huile, les vins qu'on distinguait en quatre-vingt-dix espèces, depuis le petit vin de la plaine de Pistoie à 7 livres la conge jusqu'au bon vin blanc de San-Giovani à 20 livres.

Tout ce qui n'était pas porté sur le tarif était, pour la fixation de la valeur, comme il est dit au document, à la *discrétion des officiers de l'impôt*. Il en était de même des produits intermittents tels que celui de l'exploita-

tion des bois ; on portait alors au compte
une somme arbitraire pour représenter le
revenu moyen de l'année. On ajoutait enfin
à l'estimation du revenu des biens-fonds
une estimation des revenus mobiliers, mais
je ne puis vous donner de détails sur la méthode qu'on y employait, car les évaluations
étaient tout à fait arbitraires.

Les évaluations de l'immobilier et du mobilier étaient d'ailleurs précédées d'une
déclaration que le contribuable était obligé
de produire.

Quand les agents du fisc avaient terminé
leurs évaluations, ils réduisaient le tout en capital et suivaient, pour y arriver, différentes
règles de capitalisation ; ils faisaient ensuite
le total des capitaux ainsi déterminés et
constituaient par là ce qu'on appelait la
substance de l'individu ; ils retranchaient
enfin de cette substance, c'est-à-dire du mon-

tant du capital, les frais d'entretien des maisons des contribuables, une certaine somme
par tête pour les personnes à sa charge,
comme les enfants, les commis, les domes-
tiques, chacune de ces têtes étant censée représenter un capital qui a été longtemps
fixé à 200 florins ; quand au moyen de ces
opérations successives les commissaires
avaient déduit du capital brut un capital
net, ils appliquaient à ce capital net une proportion qui devait représenter l'impôt. Cette
proportion était en général d'un demi
pour 100 de la valeur du capital, ce qui
représentait à peu près 10 pour 100 du
revenu, et cette proportion inscrite au rôle
formait ce que nous appellerions aujour-
d'hui l'impôt sur le *capital cadastral;* c'était
la cote propre à chaque citoyen ; c'était pour
cette cote que chacun des contribuables était
inscrit au registre de l'*estimo.* On recouvrait

ensuite, selon les besoins, une fois, deux fois ou trois fois la cote inscrite. Les choses se passaient comme si, pour percevoir notre impôt foncier, on établissait un rôle permanent d'un seul centime, laissant à la loi à décider chaque année qu'on recouvrerait 10, 15, 20, 100 ou 120 centimes, c'est-à-dire dix, quinze, vingt, cent ou cent vingt fois le rôle permanent. Cette inscription permanente, cette appréciation de l'unité imposable sur chacun des citoyens inscrits était appelée la lumière, la règle : *lumen et regola.*

Cette combinaison qui rappelle nos évaluations cadastrales manquait pourtant d'une base. Les opérations nécessaires à l'établissement de notre impôt foncier ne se bornent pas en effet à l'évaluation des revenus ; nous y avons ajouté une opération géométrique qui constitue le cadastre proprement dit. Les parcelles de terre sont décrites ;

on en établit les confins, et c'est après les avoir constituées qu'on en calcule le revenu cadastral. Il est arrivé à Florence, comme partout, quand les évaluations ne sont pas accompagnées de plans géométriques, que les propriétaires changeant et que les revenus des terres imposées variant, les évaluations ni les personnes ne pouvaient être retrouvées au bout d'un très court espace de temps. Les difficultés du recouvrement étaient d'autant plus grandes que les évaluations étaient permanentes et ne pouvaient être modifiées qu'à la condition de faire une nouvelle évaluation générale des revenus. Afin d'être guidé dans la réforme des évaluations, on fut conduit à entreprendre une opération qui ressemblait beaucoup à notre cadastre géométrique.

Le travail qui en est sorti a pris le nom de *Table de possession* ; c'était une description de toutes les propriétés, description fort difficile à faire et qui, après avoir coûté beaucoup de peine et d'argent, tomba très vite dans l'oubli. La table de possession servit pourtant au recouvrement ; elle forma un livre dont la conservation fut confiée à des moines, et qui était gardé dans la chambre des armes de la seigneurie. On y marquait les changements de propriétaires, essayant d'instituer, il y a cinq cents ans, cette conservation du cadastre que nous n'avons pas encore pu établir dans notre pays.

« Aux yeux de tous, dit Villani, la chose paraissait utile ; mais les anciens, les hommes réputés pratiques et sages doutaient qu'on pût arriver à la perfection. On ne crut à eux que lorsque l'expérience leur eut donné raison. Ainsi ce travail qui avait coûté tant de peines et d'argent fut abandonné sans profit et ne produisit que de la confusion. »

Il est vrai qu'on fit plus tard une nouvelle tentative qui réussit mieux et que les travaux faits pendant le quatorzième siècle devinrent la base du cadastre dont les Médicis favorisèrent l'institution au quinzième siècle.

Les déclarations demandées aux citoyens devaient être rédigées, sous des peines très sévères, avec beaucoup de détails ; elles étaient contrôlées par les officiers du fisc qui interrogeaient les contribuables afin d'obtenir d'eux les renseignements les plus précis.

Voici un résumé des méthodes employées pour obtenir des citoyens des déclarations complètes : on enregistrait d'abord tous les chefs de famille avec leur nom, leur âge, le nom et l'âge de leurs femmes et enfants, et des membres de leur famille qui vivaient avec eux. On notait l'avoir de chacun en regard de son nom ; on indiquait l'époque à laquelle il avait acquis ses biens et de qui il les tenait, et s'il avait vendu quelque propriété depuis la dernière estimation, la personne à laquelle il avait vendu. On marquait tous ceux qui avaient quitté la paroisse depuis le dernier recensement; on recherchait le nom des acquéreurs de leurs biens. On inscrivait enfin tous ceux qui étaient venus s'y établir avec leur famille, en indiquant leur nom et leur âge. Enfin, on portait au registre la mention de la cote dont je vous ai parlé tout à l'heure, cote qui servait de base à toutes les impositions ordinaires ou extra-ordinaires.

On a conservé la déclaration faite par un chef de famille fort riche appelé Rinuccini à la date du 10 décembre 1378. Une longue série de biens immobiliers y est d'abord énumérée, terrains, maisons, avec indication des limites et de la valeur de chaque immeuble, avec les noms des personnes qui étaient chargées de la culture. La richesse mobilière y était également inscrite ; on y trouvait la mention des créances sur l'État, pour une somme de 14 574 florins, des marchandises, des créances commerciales, mais sous déduction des dettes. Comme charges, Rinuccini déclarait sa personne, ses fils, avec leur âge, les femmes de ses fils, dont une en couches, deux serviteurs, deux servantes, la nourrice, la femme de chambre, le jardinier et sa femme ; huit chevaux ; il ajoutait qu'il avait des réparations à faire à ses maisons de Florence et du Comtat, et qu'il devait payer 200 florins par an à ses paysans pour provisions et cheptel, et 130 florins d'or à ses fermiers et commis.

L'arbitraire avec lequel l'état des biens mobiliers était dressé avait eu pour conséquence de laisser indemne de l'impôt une portion considérable de la fortune mobilière qui s'était pourtant développée à Florence dans une proportion considérable. La fortune mobilière avait échappé à l'impôt peut-être par la connivence de ceux qui avaient le pouvoir, mais certainement aussi par la difficulté de comprendre des fortunes changeantes dans une évaluation générale à laquelle on donnait une certaine durée. L'estimo durait, en effet, tant qu'il n'avait pas été modifié et était constitué par des rôles sur lesquels on avait porté des contribuables commerçants dont la fortune particulière était naturellement variable.

Ce n'aurait donc été que par l'introduction, dans les rôles, des nouveaux riches à la place des anciens riches qui auraient cessé de l'être, qu'on aurait pu obtenir un tableau exact de la matière imposable et une base sérieuse d'imposition. Il résultait de la manière dont l'estimo était pratiqué que les nouveaux riches y échappaient le plus souvent.

C'est ce qui est arrivé, d'ailleurs, en Angleterre, au dix-huitième siècle. Quand on a établi la *land tax*, on avait voulu la faire porter sur la propriété mobilière en même temps que sur la propriété immobilière. La propriété immobilière avait été bien réellement frappée, parce qu'elle restait toujours sous la main du fisc. Inscrite au nom d'un propriétaire, elle constituait un article de rôle permanent. La propriété mobilière, au contraire, était un article du rôle dont la matière disparaissait, et la disparition de la matière imposable entraînait la disparition du contribuable. Au bout d'un certain nombre d'années, la fortune mobilière avait cessé d'être portée au rôle, et l'impôt qu'on avait voulu établir sur le produit des deux natures de fortune n'avait plus été qu'un impôt foncier. L'histoire de l'estimo de Florence ressemble beaucoup à celle de la *land tax* d'Angleterre. La richesse mobilière y échappait de plus en plus, et il en résultait des plaintes incessantes et des demandes de revision.

Les plaintes du parti populaire à Florence s'exprimaient toujours avec une certaine violence, et leurs conclusions étaient toujours qu'il fallait reviser les évaluations et poursuivre les fraudes avec rigueur. Une des peines les plus vivement senties par les fraudeurs, était la perte des droits politiques, car l'exercice des droits politiques avait l'avantage de préserver ceux qui en jouissaient de certaines atteintes, de certaines persécutions de leurs adversaires. On pouvait, au moins, quand on jouissait de ses droits, se défendre dans les assemblées, si on était menacé de poursuites personnelles.

Les fraudeurs convaincus perdaient, pour ainsi dire, la personnalité civile ; ils cessaient d'être admis en justice et ne pouvaient ni se défendre ni intenter des actions ; enfin leurs biens étaient vendus, ou détruits si la vente ne pouvait avoir lieu faute d'acquéreurs. « Les maisons, disaient les ordonnances, devaient être démolies jusqu'aux fondements, et les arbres arrachés jusqu'à la racine. »

On imagina, pour renforcer ces dispositions, de créer un livre spécial pour y inscrire les noms des débiteurs de la république ; on appela ce livre *il specchio*, le miroir ; c'était un registre sur lequel on portait le nom de tous ceux qui s'étaient soustraits au payement des charges publiques ou qui se trouvaient débiteurs de la république à un titre ou à un autre.

On sait que les magistratures de la république ne duraient que deux ou trois mois, d'où il résultait que les *extractions de bourses*, c'est-à-dire les tirages au sort, se renouvelaient très fréquemment. Au cours des tirages, le notaire qui y assistait, vérifiait les noms sortants, et déclarait inhabiles à remplir la fonction tous les citoyens qui étaient inscrits au specchio. Toutes ces précautions, d'ailleurs, étaient loin d'empêcher les fraudes ; un chroniqueur du quatorzième siècle, Morelli, rapporte une sorte de testament dans lequel un père donne à son fils des conseils pour se soustraire au payement des impôts :

« Ne paye pas, révolte-toi contre la commune. Mets ta fortune sous une forme telle qu'on ne puisse te la ravir. Si tu as de l'argent comptant, place-le de façon à ce qu'on ne sache pas s'il est à toi. Fais un placement en *laine*, où l'argent reste longtemps et, ensuite vends ta laine contre du papier sur Venise ou sur Gênes, et passe l'ordre de payement même à perte. »

Le fraudeur qui donnait de semblables conseils à son fils, renonçait par là au droit que les contribuables avaient d'être inscrits au Mont, et perdait les intérêts que l'inscription au Mont aurait pu lui produire. Cette inscription au Mont est une particularité fort curieuse. Les besoins de la république étaient très fréquents, et outre les impôts ordinaires, on avait souvent recours, pour y satisfaire, à des impôts extraordinaires ; les impôts ordinaires avaient un caractère analogue à nos impôts modernes, mais les impôts extraordinaires étaient, en réalité, des emprunts forcés. Ceux qu'on avait obligés à souscrire, étaient inscrits sur ce que nous pourrions appeler le grand-livre de la dette publique, c'est-à-dire dans des Monts ; ils devenaient créanciers de l'État pour l'impôt qu'ils avaient acquitté et recevaient des intérêts. Cette méthode a eu pour conséquence de rendre certains impôts beaucoup moins impopulaires qu'on n'aurait pu le croire. Il est souvent question dans l'histoire financière de Florence d'un impôt qu'on appelle la *sega*, la scie. M. de Parieu, dans son livre, dit que la scie avait été ainsi appelée parce c'était un impôt perçu à la journée, et qu'il pénétrait comme les dents d'une scie, par un mouvement continu, dans les chairs vives des contribuables.

Je ne pense pas que cet impôt, quoiqu'il *scidt* le contribuable, eût été nommé *scie* parce qu'il était une charge, une préoccupation, un ennui de tous les jours. La *sega* était, en réalité, comme une quantité de centimes supplémentaires ajoutée au principal, à cette cote de l'*estimo, lumen et regola* dont je vous ai parlé. Les contribuables de la *sega* devaient l'acquitter jour par jour en versant un certain nombre de deniers ; mais leur versement quotidien était considéré comme applicable à un impôt extraordinaire ; le montant du payement était inscrit au Mont et produisait des intérêts au profit de ceux qui les acquittaient. Les contribuables qui n'avaient pas de quoi suffire aux versements, trouvaient très facilement des citoyens qui se substituaient à eux pour les faire. Il arrivait quelquefois que l'intérêt payé par le Mont était de 10 pour 100 par an. Les riches, qui avaient des capitaux, faisaient une opération semblable à celles qui se font encore de nos jours. Ils achetaient à prime les petites inscriptions délivrées aux contribuables de la *sega*. Quand, au contraire, l'intérêt n'était pas suffisant, le contribuable de la *sega* donnait une indemnité à celui qui payait pour lui. Aussi l'impôt de la *sega* n'était pas incommode pour les petites gens ; il leur procurait même quelquefois des bénéfices, ce qui faisait qu'il n'était pas impopulaire. C'était quelque chose d'analogue à nos souscriptions publiques quand la foule se précipite au guichet. Il y a des souscripteurs qui vendent leur place à la queue quand ils sont en tête. Il y en a d'autres qui vendent le résultat de leur souscription.

L'*estimo*, vers la fin du quatorzième siècle et au commencement du quinzième, au contraire, était fort impopulaire. Les estimations revisées de temps à autre étaient devenues très arbitraires, et tandis que les riches banquiers étaient favorisés, les petits contribuables étaient écrasés. Les petits propriétaires avaient été réduits à la misère ; il y en avait un grand nombre dont la ruine avait été complète et qui avaient été obligés de s'exiler.

Les chefs du parti populaire prirent alors comme formule de leur revendication, l'abolition de l'*estimo*. Jean de Médicis réclama avec énergie l'abolition de l'*estimo* et la formation d'une sorte de cadastre universel applicable aux riches capitalistes comme aux petits propriétaires ; il finit par l'emporter en 1427. Le nouvel impôt fut appelé *catasto*.

Machiavel a fait le récit de la discussion qui aboutit à l'abolition de l'*estimo* et à l'établissement du *catasto*. Nous reproduisons une partie de son récit.

Non seulement il était question de substituer le *catasto* à l'*estimo*, mais encore de revenir sur les rôles du passé, de réclamer des contribuables, qui avaient été favorisés, une imposition supplémentaire et d'employer le produit de cette imposition supplémentaire à indemniser les surimposés d'autrefois.

La proposition de revenir sur le passé, dit Machiavel, effraya encore plus les grands que le *catasto* qui, pour l'écarter, s'efforçaient de repousser l'impôt lui-même. Ils prétendaient « qu'il était souverainement injuste en ce qu'il frappait aussi sur les biens-meubles qui changent de main d'un jour à l'autre, et qu'il ne pouvait, d'ailleurs, atteindre les richesses cachées ; ils ajoutaient que ceux qui quittaient leurs affaires pour celles de la république, devaient être moins chargés que les autres citoyens ; qu'il fallait se contenter de les faire payer de leur personne, et qu'il était injuste qu'ils fussent obligés de consacrer à la république et leurs biens et leur temps. »

Les partisans du *catasto* leur répondaient : « que si les biens-meubles changeaient de mains, on pouvait aussi changer la répartition de l'impôt ; qu'en la renouvelant souvent, on prévenait l'inconvénient dont ils avaient parlé ; qu'à l'égard des richesses cachées, il était inutile d'en tenir compte, puisqu'il serait injuste de faire payer l'argent qui n'est point en rapport, et que les capitalistes ne pourraient le mettre en valeur sans le découvrir ; qu'au reste, si les affaires de la république donnaient trop de peine à leurs adversaires, ils étaient bien les maîtres de s'en débarrasser sans s'en inquiéter davantage, et qu'il se trouverait de bons citoyens prêts à aider l'État de leur argent et de leurs conseils. Les avantages et les distinctions que le gouvernement procure devaient bien leur suffire, sans qu'on leur permît encore de se soustraire aux charges publiques. Mais ils se gardaient bien de parler de leur véritable chagrin, c'était de ne pouvoir plus faire la guerre sans qu'il leur en coutât rien, étant obligés maintenant de concourir avec tous les autres citoyens aux dépenses publiques. Si cet impôt eût été établi depuis longtemps, on n'eût pas fait la guerre au roi Ladislas, et on ne la ferait pas maintenant au duc de Milan ; guerres inutiles et bonnes seulement à enrichir quelques citoyens ». Jean de Médicis cherchait à calmer tous ces débats ; il représentait : « qu'il était injuste de revenir sur le passé, et qu'il suffisait de pourvoir à l'avenir ; que si les anciens impôts avaient été injustes, il fallait rendre grâces à Dieu qu'on eût trouvé le moyen de les établir avec équité ; que ce nouveau système devait servir à réunir et non à diviser les citoyens ; que les haines seraient sans fin, si l'on voulait rechercher les anciennes taxes et les ramener à la proportion de l'impôt actuel, et qu'enfin se contenter d'une demi-victoire, était le garant d'un plus grand succès à venir ; tandis qu'en s'opiniâtrant à poursuivre l'ennemi, on finissait souvent par tout perdre. » Jean de Médicis réussit à calmer par ce discours l'emportement du peuple.

Le catasto n'était pas autre chose que l'*estimo* perfectionné, revisé, comme nous dirions aujourd'hui, et plus strictement appliqué à la fortune mobilière. Comme c'était le cas sous le régime antérieur, tous les contribuables furent inscrits sur des rôles pour une contribution déterminée qui s'appelait *leur catasto*, comme l'ancienne s'était appelée *leur estimo*, du nom de l'impôt lui-même, et le *catasto* de chacun était une part à prélever sur le capital net auquel on avait estimé son revenu. On mettait en recouvrement un, deux ou plusieurs *catasto*, selon les besoins du Trésor, et chaque *catasto* mis en recouvrement devait être acquitté en un certain nombre de payements. C'était un impôt à échéances, recouvré comme nos emprunts modernes par appels de fonds successifs ; chaque appel de fonds donnait lieu à l'ouverture d'un registre sur lequel on portait les payements, ce qui faisait dire qu'on recouvrait un *catasto*, ou un *catasto* et demi ou deux *catasto* en dix, vingt ou quarante registres.

Ce qui est particulier au *catasto*, c'est qu'il avait été complété au moyen d'un cadastre rigoureux des industriels et des marchands. Le *catasto* du trafic était ajouté au *catasto* des autres biens et constituait une seconde unité d'imposition pour ceux des contribuables qui, outre leurs biens immobiliers, possédaient des capitaux placés dans l'industrie. Les titres de la dette publique étaient cotisés dans l'un ou l'autre *catasto*, selon la valeur des divers effets publics.

Le *catasto* du trafic de 1431 s'appliquait

à cinquante·deux commerçants associés entre eux de diverses façons et formant en tout vingt-deux compagnies.

Voici comme exemple l'extrait du *catasto* du trafic de Cosme de Médicis, qui s'élevait en totalité à 428 florins d'or et se divisait comme il suit :

Cosme de Jean de Médicis, fils et neveux,
    pour le trafic de Florence de 120 florins ;
    leur part........................... 78-15
Pour la commandite de Bruges et de Lon-
    dres de 160 florins ; leur part......... 78-17
Pour celles d'Avignon et de Gênes de
    160 florins; leur part................. 96-00
Pour le trafic de Venise, sous la raison
    Pierre-François de Médicis et Cᵉ sur
    100 florins; leur part................. 65-12
Pour le trafic de la laine sous la raison Jean
    de Cosme de Médicis, sur 50 florins ;
    leur part............................. 18-15
Pour le trafic de la laine sous le nom de
    Pierre de Cosme de Médicis, sur 50 flo-
    rins ; leur part....................... 28-15

Pour le trafic de Pise, sous le nom d'Ugo-
lin Martelli, sur 80 florins; leur part... 30-00
Pour le trafic de la soie, sous le nom de
Pierre Cosme de Médicis, sur 60 florins;
leur part........................... 28-10

Les officiers du fisc, pour inscrire les cotes sur les registres de l'impôt, se livraient à l'examen du bilan sur les livres mêmes des commerçants.

Ils évaluaient les créances commerciales en raison du crédit présumé des correspondants débiteurs et portaient leur évaluation à l'actif du contribuable.

Les documents du temps sont remplis des plaintes que ce genre d'inquisition avait suscitées et en même temps de la rigueur des lois contre les fraudeurs. Les dénonciateurs qui faisaient connaître au fisc les fraudes des contribuables étaient récompensés et pour leur faciliter leur besogne on avait placé dans les divers quartiers de la ville, des boîtes qu'on appelait des *tambours* dans lesquelles on pouvait en passant jeter ses dénonciations. Les plaintes du commerce obligèrent le fisc à abandonner, en 1458, la production obligatoire des livres de commerce ; mais les contribuables n'y gagnèrent pas grand'chose, car ils furent obligés de s'abonner et s'ils ne tombaient pas d'accord avec le fisc sur le montant de leur abonnement, ils devaient subir l'imposition au taux déterminé par les agents, à leur discrétion.

Il n'est pas sans intérêt d'ailleurs de se reporter aux considérants et au texte même de la loi de 1458, qui a remplacé la production obligatoire des livres de commerce par une composition arbitraire.

« Considérant que notre Cité a fait sa grandeur par l'industrie et le commerce ;

« Considérant qu'un grand nombre de nos concitoyens se sont retirés des affaires et qu'il est nécessaire de les déterminer à les reprendre en faisant disparaître tous les obstacles qui pourraient les en empêcher, tels que de montrer leurs livres aux officiers du cadastre et de produire leurs bilans ;

« Considérant encore que si l'on se borne à faire compte du trafic et de l'argent en s'en rapportant aux déclarations des contribuables, on n'arrive qu'à un total de 1500 florins correspondant à 300 000 florins en capital, d'où il résulte un grand mécompte sur le recouvrement qu'on espérait opérer;

« Considérant en outre qu'il n'est guère possible d'espérer qu'on puisse recouvrer beaucoup au delà, parce qu'il est de notoriété publique que les marchands s'arrangent pour tenir plusieurs écritures et que si l'on voulait faire des recherches on pourrait sans doute retrouver, après de longues recherches, plus de 5000 florins ; mais pour y arriver, il faudrait faire condamner vos concitoyens, ce qui serait le contraire de ce qu'on veut, puisqu'on désire établir la paix et l'union ;

« Attendu que ce serait une cause de fuite pour l'argent et d'exportation de capitaux vers les pays étrangers, et que vos concitoyens ne se serviraient plus des fonds étrangers, ce qui était fort utile pour votre Cité :

« Il est arrêté ce qui suit : Que les officiers du *catasto* aient pleine et libre autorité de pouvoir établir des compositions à leur discrétion et à la charge de leur conscience sur quelque citoyen que ce soit qui aurait trafic, marchandises ou argent comptant se mettant d'accord avec le citoyen imposé et non autrement.

« Pour quiconque s'est mis d'accord avec lesdits officiers, il est entendu qu'il sera inscrit pour le montant qui a fait l'objet de l'accord, et qu'il ne pourra être recherché pour des actes quelconques et de quelque époque, à raison du nouvel établissement du *catasto*. »

Le *catasto* de 1427 eut le sort de tous les cadastres ; il aurait fallu le changer fréquemment pour le mettre d'accord avec les faits. Aussi en demandait-on souvent la revision totale, mais il était difficile d'y procéder, car c'était une opération très longue et très difficile. On employait le plus souvent des moyens plus expéditifs, comme par exemple de dresser ce que nous appellerions un rôle supplémentaire comprenant les nouveaux riches. Les agents du fisc faisaient de temps à autre une sorte de péréquation, augmentant le catasto des uns et diminuant celui des autres, *en leur âme et conscience*, selon qu'ils estimaient que les uns s'étaient appauvris et que les autres s'étaient enrichis.

Parmi ces rôles supplémentaires il y en avait qu'on désignait sous les noms de *vintine, settine, novine*, à cause du nombre des commissaires qui étaient chargés d'établir la taxe. Chacun des commissaires désignés à cet effet dressait un rôle, sans consulter ses collègues; puis la commission réunie mettait de côté les plus élevés et les plus bas et formait pour le mettre en recouvrement un rôle composé avec la moyenne des rôles intermédiaires.

La *novine* de 1400 avait été organisée selon la méthode que voici :

On avait élu au scrutin quarante citoyens, et on avait mis dans une urne les noms des dix-huit qui avaient obtenu le plus de voix. On avait tiré ensuite au sort neuf noms, d'où le nom de *novine*. Le premier sorti avait fait un projet de répartition et l'avait déposé au couvent des Ermites de Sainte-Marie des Anges. Quand le travail du premier avait été terminé, on avait tiré au sort un second commissaire qui avait fait son projet de répartition et l'avait déposé comme l'autre au couvent, et ainsi de suite jusqu'au neuvième.

Les moines avaient alors rejeté les trois rôles les plus élevés et les trois rôles les plus faibles, et avaient additionné les trois rôles moyens ; puis ils avaient pris le tiers de chaque cote de ce triple rôle pour en tirer un rôle définitif, portant tous les noms des contribuables des trois rôles moyens.

Il se trouvait donc toujours entre les mains des agents du fisc un certain nombre de vieux rôles, c'est-à-dire un certain nombre de listes sur lesquelles on avait fixé, à diverses époques, l'unité d'imposition de chacun des contribuables.

Quelquefois on sortait du carton un de ces vieux rôles, pour le mettre de nouveau en recouvrement ; quelquefois même, on prenait plusieurs de ces vieux rôles à la fois, pour les mettre tous ensemble en recouvrement. Mais dans ce cas, on se servait, pour fixer la cote de chaque contribuable, de deux méthodes différentes fort singulières. L'une d'elles était la méthode du *déplaisant*, l'autre la méthode du *plaisant*.

On présentait les divers rôles à la fois au contribuable, c'est-à-dire deux ou trois cotes, et on l'obligeait à payer la cote la plus élevée des deux ou trois. C'était le *déplaisant*.

D'autres fois, on lui permettait de choisir la cote la plus basse. C'était le *plaisant*.

Rien ne prêtait plus à l'arbitraire que les

divers systèmes que nous venons d'énumérer. Aussi, les Médicis s'en servirent-ils pour ruiner leurs adversaires.

Ce n'est pas qu'ils exerçassent le pouvoir comme on l'entend aujourd'hui. Leur puissance était en quelque sorte occulte. Quelquefois même, pour laisser passer une mesure impopulaire, Laurent de Médicis s'effaçait, comme il arriva du temps de Luca Pitti, qui menait dans la ville un train beaucoup plus princier que celui de Médicis et qui fit bâtir le splendide palais qui porte encore son nom, et dans lequel sont renfermés les chefs-d'œuvre de la peinture. Les Médicis agissaient dans tous les quartiers, dans les conseils des Monts, dans la Chambre de la Commune et ailleurs, au moyen d'hommes dévoués, toujours prêts à servir les intérêts de la faction. C'est ainsi qu'ils exerçaient un pouvoir discrétionnaire sur la formation des rôles de recouvrement des contribuables et qu'ils avaient mis la main sur la fortune de leurs ennemis pour se rendre maîtres d'eux.

Pour exercer plus librement leur arbitraire, ils imaginèrent l'impôt progressif. Guichardin a dit que l'impôt progressif était le bâton avec lequel les Médicis avaient assommé leurs adversaires. Les échelles des tarifs progressifs étaient très variées. La *Gracieuse* de 1443 partait de 4 pour 100 pour aboutir à 33 et demi pour 100, et la capitation mensuelle qui y était jointe partait d'un sou pour arriver à 80. Cette imposition avait reçu le nom de *Gracieuse* parce qu'elle était agréable au grand nombre dont les cotes étaient allégées en comparaison de celles des riches. La dîme de 1480 avait une échelle partant de 7 pour 100 pour s'élever à 25 pour 100.

Mais il faut se rappeler que la plupart de ces impositions étaient, en réalité, des emprunts forcés, et qu'après avoir payé ce qu'on devait au fisc, on était inscrit au grand-livre de la dette comme créancier de la république.

Il en était résulté une pratique assez curieuse.

On sait que le *catasto* était une unité d'imposition établie dans une certaine proportion avec la fortune nette des contribuables. La fortune imposable comprenait la valeur des divers revenus capitalisés à des taux divers après qu'on avait opéré des distractions évaluées de même en capital. Quand un citoyen était débiteur de l'impôt, on ne tenait pas compte de cette dette dans la fixation de sa fortune, mais quand il l'avait payé, on le considérait comme plus riche, puisqu'il était inscrit, pour le montant de l'impôt, au grand-livre de la dette publique et on l'imposait en conséquence.

L'échelle de progression était, en général, attachée non pas au *catasto*, mais à la *dîme* qui était un impôt sur le revenu direct comme le catasto, mais dont l'établissement n'avait pas été précédé d'une capitalisation à divers taux de tous les revenus des contribuables.

On pouvait être et on était imposé à la fois au *catasto* et à la *dîme*, tous deux directs et recouvrés au moyen de rôles; ils étaient quelquefois superposés, mais ils étaient distincts.

La dîme a été imposée sur la richesse mobilière et sur la richesse immobilière, mais le plus souvent elle ne portait que sur la richesse immobilière ; on y ajoutait une capitation.

L'échelle de progression servait comme

je l'ai dit à établir des rôles supplémentaires sur les plus fortunés. Tantôt la progression était forte et les différentes classes de surimposés étaient surtaxées d'un échelon tout entier ; tantôt elle était moins forte, et les classes de surimposés n'étaient surtaxées que d'un demi-échelon. Enfin, il y avait des dégrévements par progression descendante, puis des capitations graduées.

La progression s'appliquait aussi au calcul de la distraction des charges.

On sait que chaque tête donnait lieu à une diminution de la fortune imposable de 200 florins, capital représentant le revenu nécessaire pour nourrir une bouche ; on comptait dans le nombre de têtes celles d'enfants ; mais il arrivait que pour favoriser certaines classes de contribuables, on portait quelquefois dans les comptes un certain nombre de têtes fictives, afin de ménager ceux qu'on voulait favoriser dans l'établissement de l'impôt. C'était encore un genre de progression.

Les abus de la progression ajoutés à ceux des fraudes dans le tirage au sort des magistrats, soulevèrent de fréquentes réclamations, et c'était un des cris du peuple que celui de *ferme le borse, fermo il catasto*, c'est-à-dire application ferme du cadastre et sincérité du tirage au sort.

Je vous ai parlé dans une conférence précédente des efforts qui furent faits à la chute de la première branche des Médicis pour abolir les échelles progressives avec lesquelles on avait ruiné tant de gens. Mais les besoins de la république étaient si grands que les efforts de ceux qui dénonçaient la progression comme un système déshonnête, furent sans effet, et que le gouvernement démocratique fut entraîné à se servir des mêmes méthodes que le gouvernement tyrannique des Médicis.

Quoique les impôts progressifs fussent en réalité des emprunts forcés et qu'ils fussent, à ce titre, remboursés en rentes sur l'État, ils n'en étaient pas moins très lourds, car les contribuables étaient souvent obligés de vendre leurs biens pour faire face aux versements, et, d'ailleurs, le payement des rentes était souvent suspendu.

Ce qui était tout à fait intolérable, c'était cette quantité de vieux rôles qu'on mettait de temps à autre en recouvrement ; c'était cette liste des riches que les magistrats avaient sous la main pour mettre, pour ainsi dire, en taille réglée ceux qu'ils voulaient atteindre.

Certains impôts étaient payables en argent et d'autres en coupons de rente ; il fallait avoir, pour se reconnaître dans ce dédale, des almanachs très bien réglés. Voici, par exemple, la liste des impôts à payer sur différents rôles pendant l'année 1483 :

Janvier. Un tiers de dîme échelonnée, payable en argent.

Février. Un tiers de dîme échelonnée, payable en coupons.

Mars. Un déplaisant dégrevé, payable en argent.

Avril. Une demi-dîme échelonnée, payable en argent.

Mai. Un déplaisant dégrevé, payable en argent.

Juin. Une demi-dîme échelonnée, payable en argent.

Juillet. Une demi-dîme échelonnée, payable en coupons.

Août. Une demi-dîme échelonnée, payable en coupons, plus deux tiers de déplaisant dégrevé, payable en argent.

Septembre. Un tiers de déplaisant dégrevé, payable en coupons.

Octobre. Un tiers de déplaisant dégrevé, payable en argent.

Novembre. Un déplaisant dégrevé, payable en argent.

Décembre. Un déplaisant dégrevé, payable en coupons.

Ce qui ajoutait encore à la lourdeur de la charge, c'est que le nombre des contribuables était fort peu considérable. Dans les premiers temps du *catasto*, en 1427, il y avait trois catégories de contribuables portés sur les rôles des contributions directes, et ces trois catégories comprenaient 10171 chefs de famille. On avait obligé chacun d'eux à faire la déclaration de leur fortune. Du capital auquel on avait évalué leurs biens et le revenu de leur profession, on avait distrait les frais d'entretien, les dettes et les charges parmi lesquelles les frais de la famille, à raison de 200 florins en capital pour chaque bouche à nourrir. La somme nette qu'on avait trouvée comme résultat de ce calcul constituait une *surabondance* soumise à l'impôt; mais on n'avait trouvé de surabondance imposable que chez 2192 chefs de famille; les autres se divisaient en deux groupes, ceux qui avaient peu ou point de surabondance; ils payaient un abonnement fixé d'accord entre eux et les agents, et leur nombre s'élevait à 5055, et les *misérables* au nombre de 2924, qui payaient un impôt volontaire par tête.

Il est assez curieux de comparer le commencement et la fin de l'histoire du *catasto*. Il avait été fondé en haine de l'arbitraire, et on lisait ce qui suit dans les considérants d'une loi de 1457 : « Que d'inconvénients ont produit dans votre ville les impôts arbitraires;

que de divisions et de scandales parmi les citoyens dont plusieurs ont dû errer misérables par le monde ; que de veuves et d'orphelins qui possédaient de bons patrimoines ont été réduits à la misère ! En 1427, c'est-à-dire à l'époque où la ville se trouvait troublée par les mêmes désordres d'impôts, on eut recours au mode et à la forme du *catasto*, qui fut la sauvegarde et le salut de la liberté. C'est pourquoi il a été décidé qu'on recouvrerait les impôts déterminés dans ce *catasto*. »

Malgré toutes les précautions qu'on avait prises, l'arbitraire se glissa dans le *catasto*, comme il était arrivé pour l'*estimo*. Il s'introduisit d'abord dans les méthodes d'évaluation du capital et du revenu, et dans les revisions au moyen desquelles on prétendait de temps à autre opérer ce que nous appellerions une *péréquation*. On crut trouver des garanties en tirant au sort les commissaires répartiteurs et en prenant la moyenne du travail d'un certain nombre d'entre eux, mais les tirages furent l'objet de fraudes et l'arbitraire s'introduisit dans la formation des commissions comme dans les méthodes suivies par elles. Le *catasto* qu'on avait imaginé contre l'arbitraire finit par être un des instruments fiscaux les plus arbitraires qu'on puisse concevoir.

Ce fut encore pis quand on eut recours aux échelles et aux tarifs progressifs, mettant ainsi des surtaxes sur des citoyens nommément désignés. L'impôt prenait un caractère décidément et uniquement personnel, c'est-à-dire tyrannique.

Le parti populaire qui avait porté les Médicis au pouvoir et leur avait demandé de rétablir l'égalité dans les charges de l'impôt, ne se plaignit pas lorsque l'égalité cessa d'être observée, parce que c'était au détriment de ses adversaires. Toujours en force dans toutes les assemblées, récusant ses ennemis par toutes sortes de moyens, fraudant pour être assurée que les bourses de tirage au sort ne contenaient que les noms d'hommes dévoués, la faction des Médicis applaudissait à l'injustice exercée contre les autres factions. Mais le peuple entier devint bientôt victime de l'arbitraire des gouvernants. En tolérant l'arbitraire contre les partis vaincus, le parti populaire avait préparé la tyrannie ; quand il se souleva, il était trop tard. Les armées de Charles-Quint consommèrent la ruine de la république.

Les rôles au moyen desquels on recouvre les impôts directs, ont toujours été des instruments dangereux dans les pays où le gouvernement exerce ce qu'il considère comme ses droits, sans respect pour la liberté des citoyens. Ils constituent des listes de personnes riches et mettent pour ainsi dire la fortune de ces riches entre les mains du pouvoir. L'histoire des finances de Florence au moyen âge, contient à ce propos des enseignements très complets qui méritent d'être médités.

TABLE DES MATIÈRES

PREMIÈRE CONFÉRENCE

(17 février 1886)

Pages.

De l'égalité en matière d'impôt. — Poursuite
de l'égalité par la suppression des monopoles
et privilèges et par la transformation des
impôts personnels en impôts réels. — L'idée
de la justice confondue avec celle de l'égalité doit en être séparée..................   1

DEUXIÈME CONFÉRENCE

(24 février 1886).

De la justice en matière d'impôt. — Diverses
manières d'entendre la justice. — Impôt
unique. — Dîme royale de Vauban. — Les
physiocrates. — Impôt unique sur le revenu.
— Impôt complémentaire ou compensateur.   63

TROISIÈME CONFÉRENCE

(3 mars 1886).

Pages.

Des impôts établis pour modifier la distribution
de la richesse entre les citoyens. — Impôts
progressifs sur le capital et sur le revenu.
— Retour à l'impôt personnel............. 131

QUATRIÈME CONFÉRENCE

(10 mars 1886).

Les impôts démocratiques à Florence au quatorzième et au quinzième siècle. — L'*estimo*.
— Le *catasto*. — La dîme et l'impôt progressif. 203